Heinrich Albert Oppermann

Trostbriefe für Hannover

nebst acht Postscripten die neuesten Zustände in Hannover betreffend

Heinrich Albert Oppermann

Trostbriefe für Hannover

nebst acht Postscripten die neuesten Zustände in Hannover betreffend

ISBN/EAN: 9783741102295

Hergestellt in Europa, USA, Kanada, Australien, Japan

Cover: Foto ©Andreas Hilbeck / pixelio.de

Manufactured and distributed by brebook publishing software (www.brebook.com)

Heinrich Albert Oppermann

Trostbriefe für Hannover

Trostbriefe für Hannover

nebst acht Postscripten

die neuesten Zustände in Hannover

betreffend.

Von

einem Alt-Hannoveraner.

Zweite Auflage.

Hamburg
Otto Meißner.
1866.

Trostbriefe
für
Hannover

nebst acht Postscripten

die neuesten Zustände in Hannover

betreffend.

Von

einem Alt-Hannoveraner.

Zweite Auflage.

Hamburg
Otto Meißner.
1866.

Abgedruckt aus der Kölner Zeitung in vermehrter und verbesserter Ausgabe.

I. Einleitung.

Der mächtige Welfen-König, der noch vor wenig Wochen sagte und glaubte, daß ihm beinahe zwei Millionen Unterthanen angestammt seien, und der das schöne Stück Land zwischen Ems und Elbe, Harz und Leine sein nannte, sitzt heute da mit seinem Thronfolger hinter der Mariahilflinie in Wien ohne Land und ohne Leute, und die Königin, seine Gemahlin, mit ihren Prinzessinnen residirt zwar noch in Herrenhausen, aber schon hat der Schwager aus Oldenburg ihr angedeutet, daß es passender sei, Hannover zu verlassen und auf der Marienburg zu überwachen, ob Hr. Oppler die Arbeiten auch in dem wahren und rechten Styl ausführt.

Der König von Preußen hat im Herren- und Abgeordnetenhause eine Aenderung des preußischen Verfassungsgesetzes beantragt, wonach er künftig Herrscher über das Land Hannover sein kann und wonach es ermöglicht wird, daß die Gränzen des preußischen Reiches durch Hannover, Kurhessen, Nassau und Frankfurt und wahrscheinlich noch andere Gebietstheile erweitert werden, und die preußischen Stände haben die sofortige Einverleibung dieser Länder begehrt und bewilligt erhalten.

Und das alles ist wie über Nacht gekommen, wie ein Traum.

Wir sollten nach der Meinung des Königs Georg mit ihm und dem Welfenhause vereint sein, bis der Herr der himmlischen Heerschaaren die Posaunen des jüngsten Gerichtes ertönen ließe, oder bis zum Ende aller Dinge. Nun ist zwar nicht der jüngste Tag und das Ende aller Dinge, aber das Ende des Welfenreichs männlicher Linie gekommen, die weibliche Linie hat die männliche verdrängt*) und die Leine läuft ruhig ihren Gang, die Sonne steht nicht still, die Hofrestaurateure im Odeon und Tivoli fündigen täglich ihre Sommerconcerte an, und die getreuen Hannoveraner gehen nach Tivoli und Odeon, trinken in der Georgenhalle, in der Walhalla, der Zauberflöte und im Tunnel ihr Bier nach wie vor.

Georg V. in Hießing, der Kurfürst von Hessen in Stettin, der Adolph von Nassau bald hier, bald dort, der Bundestag in Augsburg, aus den Gesandten der drei genannten Herren von Welf, vom weißen Stein und Wiesbaden bestehend — hat sich aufgelöst — drei Mohren trauern um ihn, sonst weint ihm Niemand eine Thräne nach.

Das ist eine Tragödie, wie sie die Weltgeschichte selten

---

*) König Wilhelm von Preußen stammt in demselben Grade von Heinrich dem Löwen und dem Kurfürsten Ernst August ja noch von Georg I. ab, als Georg V. Eine Tochter Ernst Augusts, und der Sophie von der Pfalz, die philosophische Königin Sophie Charlotte, war die Gemahlin des ersten Preußenkönigs, und die Stammmutter des preußischen Königshauses. Die Affilation der Zollern mit den Welfen wurde in der nächsten Generation verdoppelt, indem Friedrich Wilhelm I. seine Cousine, die Tochter Sophia Dorothea Georg I. heirathete, welche die Mutter Friedrichs des Großen, wie Friedrich Wilhelm II., des Großvaters Königs Wilhelm II. war. Der Geist Sophie Charlottens war wohl auf ihre Tochter, weniger auf Georg II. übergegangen.

zuwege gebracht hat, eine Tragödie, gegen die selbst der Fall und Sturz von 1180 klein erscheint, denn er war vorübergehend.

Aber, liebe Landsleute, sentimental braucht man darob nicht zu werden, es wird für unseren Landesvater und die Landesmutter gut gesorgt werden, sie werden, auch wenn sie ihr Schäfchen nicht ins Trockene der englischen Bank gebracht hätten, mehr zu verzehren haben, auch in der Fremde, als zweimal hunderttausend Familien, welche in der elften und zwölften Classe steuern; ihre tausendjährige Existenz wird ihre Früchte tragen. Die Welfen agnatischer Linie werden nicht mehr herrschen über die angestammten und annectirten Hannoveraner, sondern Welfen-Zollern cognatischer Linie, das ist das Ganze. Und daß das Unglück nicht so groß ist, will ich nachweisen.

Zwar werden eine zahlreiche Masse von Menschen, die ein Schmarotzerleben führten, in sehr üble Lage gerathen, es werden in unserer bisherigen Residenz namentlich eine Menge Hof-Ouvriers, die sich durch jahrelange Servilität das Prädicat „Hof-Seifenfabrikant" oder „Hof-Leimsieder" u. s. w. erkämpften, weniger stolz einhergehen können; zwar wird manche neugebackene Excellenz den Kopf hangen lassen, und mancher Pascha von drei Roßschweifen wird artig und höflich sein, wo er bisher brutal und grob war, aber die Welt wird darum nicht aus ihren Angeln gehen, selbst die Stadt Hannover wird sich erholen und die Prinzen Solms und andere Herren von Adel werden dem Kronprinzen von Preußen, wenn er in Herrenhausen residirt, eben so gut den Hof machen als sie es Georg V. thaten. Das Hoftheater wird nicht ewig verschlossen bleiben und vielleicht erleben wir noch, daß von dem höchsten Thurme des Welfenschlosses das schwarz-rothgoldne Banner weht und nicht nur das norddeutsche, nein das deutsche Parlament dort einzieht.

Ist es aber ein so großes Unglück, wenn Herr Dietrich Postmeister in Hameln wird und mit den in Ruhestand versetzten Vettern Wermuth und Heise in Ruhe seine Partie Whist spielen und von den wenigen Wochen, wo er Excellenz war, sich mit der Dietrichine unterhalten kann? Wir bleiben darum doch, was wir sind.

Doch Scherz bei Seite — ich weiß wohl, der Mensch reißt sich nicht mit Einem Schlage von der Vergangenheit los, und wenn er vom Schicksale losgerissen wird, so verursacht das eine Wunde, welche je länger nachblutet, je sehnsüchtiger man nach der Vergangenheit zurückblickt und sich vor der unbekannten Zukunft fürchtet. Es hat nun jeder Zustand seine Licht- und Schattenseiten; der Mensch, der sich nach der verlorenen Vergangenheit sehnt, hat immer nur die Lichtseiten im Sinne und vergißt der Schatten, des Regens, der Kälte. Wenn ich Euch, liebe Landsleute! ein Wort des Trostes zukommen lassen will, so kann das kaum anders geschehen, als daß ich die Schattenseiten der welfischen Kleinstaaterei hervorhebe. Ich will nicht ins Schwarze malen, ich will nach bestem Wissen und Gewissen die Wahrheit sagen, aber kein Blatt vor den Mund nehmen. Die ganze nackte Wahrheit will ich sagen, nichts beschönigen, nichts vertuschen und verkleistern. „Die Wahrheit wird Euch frei machen," heißt es in der heiligen Schrift, „und die Wahrheit wird Euch trösten" — sage ich.

II. Welfische Ideen und Welfenpolitik.

Nach meiner Ansicht von den Dingen verdanken wir die Katastrophe wesentlich den welfischen Ideen, welche die Grundlage der Weltanschauung Georg V. bildeten, und seiner welfischen Politik, welche er sich auch als angestammt und den Landen anklebend dachte. Wir kennen diese Ideen durch den Historiographen des erlauchten Hauses der Welfen, den Archivar Dr. Schaumann, welcher in usum Delphini oder vielmehr zum Nutzen und Frommen der Lämmer der angestammten Heerde im Jahre des Herrn 1864 ein Handbuch der Geschichte der Lande Hannover und Braunschweig herausgegeben hat, denn das Buch ist eigentlich von Schaumann nur herausgegeben — sein Verfasser ist der König selbst.

Der Herausgeber sagt in der Dedication an Georg V., daß dieses Buch, was die zu Grunde liegende Idee betreffe, eigentlich ganz Ew. Majestät angehöre, und er nur der Ausführer allerhöchster Ideen sei.

Heben wir, wenn nicht alle, doch die hauptsächlichsten dieser welfischen Ideen hervor.

1. Die Welfendynastie ist die älteste unter allen Dynastien, sie stammt von Ethico, Fürst der Scyren, dem Zeitgenossen Attila's (450 n. Chr.). Das Haus Este, welches sich mit der vom Grafen Welf I. in Bajoarin gegründeten Linie verband, war eine italische Welfenlinie. Die Welfen bekleideten das Herzogsamt in Baiern und Sachsen, während die Zollern noch Burgvoigte und Waldhüter von Nürnberg waren, die Wittelsbacher waren nur Markgrafen der Welfen.

Das mag Alles wahr sein, allein es ist vergangen, fuimus Troes!

Das Blut der Plantagenetts hat sich mit welfischem

Blute vermischt! Ja, wer untersucht aber in einer Reihe von Jahrhunderten, in einer Zerklüftung der Familien, wie sie bis zum Kurfürsten Ernst August stattfand, die Reinheit des Bluts?

2. „Eine höhere Vorsehung hat stets mit schützender und erhaltender Hand über dem Welfenhause gewacht!" sagt Schaumann p. 418.

Es bleibt zweifelhaft, ob die höhere Vorsehung hier im Sinne der Juden, als eine besondere welfische Vorsehung gedacht wird, oder ob man an eine höhere Vorsehung denken soll als die ist, welche über nicht so alten, großen, mächtigen Dynastien wacht, an die dei minorum gentium.

Diese welfische Vorsehung muß im Jahre 1866, namentlich am 14. Juni geschlafen haben oder Graf Platen und Hr. Meding haben ihre Stelle schlecht vertreten.

3. Ohne für die Stylisirung die Verantwortung zu übernehmen, drückt sich die dritte welfische Idee, auf der namentlich die Nordseezeitung seit ihrem Bestehen herumgeritten hat und die in den meisten der königlichen Reden eine Rolle gespielt hat, nach Schaumann also aus: „Die geographische Lage sichert dem Königreiche Hannover noch manches Resultat von der Zukunft (sic!). Indem es die Mündungen dreier der größten Ströme Deutschlands, Ems, Weser und Elbe, beherrscht, und von allen dessen Einzelstaaten die größte Uferstrecke der Nordsee, dieses an die großen Weltmeere und Weltstraßen sich anschließenden offenen Meerarmes, besitzt, wird es unbedingt schon hiedurch von den kleineren Königreichen Deutschlands das politisch wichtigste. Denn selbst Baiern, obgleich an Quadratmeilen- und Einwohnerzahl Hannover bedeutend überlegen, kann wegen seiner allenthalben eingeschlossenen Lage, wodurch es von allen Seiten an jedem freien Verkehr nach außen verhindert werden kann, sich nicht im entferntesten mit Hannover vergleichen. Aber es ist nicht allein

die politische Wichtigkeit, von der wir reden, jene offene Wasserstraße, die in alle Welttheile führt, sichert jedem Einwohner auch Theilnahme an dem großen Weltverkehre und damit auch zugleich eine nie versiegende Quelle für Reichthum und Fortschritt überhaupt. Diesen Vorzug, wie ihn Hannover hat, entbehren in dieser Art und in dieser Ausdehnung selbst die beiden größten Staaten Deutschlands; kleine Küsten und geschlossene Meere sind es, welche diese die ihrigen nennen können!"

König Georg V. nahm dieser Lage an der Nordsee wegen nicht nur die etwaige Führerschaft einer deutschen Flotte für sich in Anspruch, sondern er glaubte auch, daß eine deutsche Flotte allein durch Hannover geschaffen und vermittelt werden könnte.

„Preußen mit seiner eingeengten Ostsee, die noch dazu jeden Augenblick von den kleinen Staaten Schweden und Dänemark geschlossen werden kann, bietet Deutschland für solche Schöpfungen eben so wenig ein passendes Lokal als Oesterreich mit seinem kleinen Busen des adriatischen Meeres, das wiederum nur in das schon längst den Britten und Franzosen verfallene mittelländische Meer mündet, und außerdem auch noch durch das neue Königreich Italien beherrscht wird. Einzig und allein ist es Hannover, von dem Deutschland das, was ihm in dieser Beziehung noth thut, erwarten darf, und **Deutschland wird dagegen auch Hannover zu würdigen wissen.**"

Das wurde 14 Jahr später geschrieben, als sich Hannovers Bemühungen, die Anfänge einer deutschen Flotte zu erhalten, so gänzlich machtlos erwiesen und die deutsche Flotte auf der Weser durch Fischers Hand unter den Hammer gebracht war.

Wer sich bei Georg insinuiren wollte, der durfte nur dies Thema von der maritimen Bedeutung Hannovers anschlagen

und mit nicht allzubescheidenen Farben auftragen, und er war
sein Mann — wenn er daneben auf das Räuberwesen der
Zollern, die zweimal Hannover schon in Besitz genommen
und wieder hatten herausgeben müssen, zu schimpfen wußte,
so fehlte der Guelphenorden nicht.

Je enger dieser Kreis der welfischen Ideen, um so mehr
concentrirte derselbe sich um den Mittelpunkt, die Sonne,
welche das gegenwärtige welfische Wesen repräsentirte.

Was die welfische Politik angeht, so gingen ihre Anfänge
weit in die Jahrhunderte zurück. Welf IV. (oder wie Georg
wollte, VI.) hatte zum Kaiser Heinrich IV. gestanden im
Kampfe desselben gegen die nach Unabhängigkeit strebenden
Dynasten. Der Kaiser hatte ihn dafür mit dem Herzogsamte
(Georg sagt Herzogswürde) in Baiern belehnt. Welf trat
auf die Seite des Papstes, als dieser den Kaiser in den Bann
that, „um seine italienischen Besitzungen nicht in Gefahr zu
bringen" p. 75. Da schadete ein Bischen Felonie ja nichts.

Der Welf Heinrich der Schwarze hatte durch seine Ver-
heirathung mit Wulphilbis, der ältesten Tochter des Sachsen-
herzogs Magnus, des letzten Billunger, zuerst festen Fuß in
Norddeutschland gefaßt und er siedelte dahin über. „Daraus
folgte dann von selbst, daß er fortan jener Politik, die
mit diesem norddeutschen Grundbesitz verbunden war, folgte," d. h. daß er im Bunde mit anderen Dynasten und mit der verrätherischen Geistlichkeit die kaiserliche
Autorität zu brechen, Reichslehen, Kirchenlehen, als Allodial-
gut zu behandeln, daneben aber den kleinen Adel niederzu-
drücken und aus dem gemeindefreien Bauer einen abhängigen
und unfreien zu machen suchte.

Sein Sohn Heinrich der Stolze betrachtete sich schon als
Erbe des Herzogthums Baiern; er vermählte sich mit
Gertrude, Tochter des Kaisers Lothar von Supplinburg,
und wurde nun auch mit dem Herzogsamte von Sachsen

betraut. Er war dem Kaiser treu, ließ sich aber seine Treue gut bezahlen; außer den supplinburgschen Erbgütern, und denen der Brunonen und Nordheimer, ließ er sich noch mit den fluchbeladenen Mathildeschen Gütern in Italien belehnen.

„Heinrich, sagt der königliche Historiograph, trat nie schroff mit seiner Macht gegen die Fürsten, sie erdrückend, auf, am wenigsten gegen seinen Schwager, den Herzog Friedrich von Schwaben, er vergaß nie, daß die eigentliche Macht seines Hauses ursprünglich aus der O p p o s i t i o n g e g e n d a s K a i s e r r e i c h hervorgegangen war."

Heinrich der Stolze schon strebte selbst nach der Kaiserwürde, er war den Fürsten aber zu mächtig und Conrad III. von Staufen wurde erwählt. Heinrich weigerte sich nun, die Reichsinsignien herauszugeben. Da wurde die Reichsacht gegen ihn ausgesprochen, das Herzogsamt in Sachsen Albert dem Bären, das in Baiern dem Markgrafen Luitpold von Oesterreich verliehen. Aber Heinrich kämpfte verzweifelt um sein Amt, er erwehrte sich des Askaniers, war aber minder glücklich gegen den Kaiser und den Oesterreicher. Man wollte auf dem Fürstentage von 1139 einen Vergleich versuchen, als Heinrich starb. Sein Sohn Heinrich der Löwe war minderjährig und die eigene Mutter vermählte sich mit dem Oesterreicher „J a s o m i r G o t t", dem Nachfolger Luitpolds im Herzogsamt Baiern.

Auf dem Fürstentage von 1142 wurde Heinrich dem Löwen der größte Theil von Sachsen zugesprochen, die Mark Brandenburg aber für die Askanier davon getrennt.

Wie wäre es möglich, daß ein Welfe, der in der Erinnerung jener Zeiten schwelgt, wo die Mark Brandenburg seinen Vorfahren unterthan war, sich je einem Zollern, der sie erst viel später erwarb, unterordnen könne?

„Politische Gründe der Klugheit, sagt der Ausführer der königlichen Gedanken, führten den Löwen eher zu einer Aussöhnung mit der zur kaiserlichen Würde erhobenen Familie der Hohenstaufen, als Macht oder Recht solches Resultat erwirkt hatten.* Die Staufen wollten der Kaiserwürde das alte Ansehen wieder verschaffen, namentlich den italienischen Städten und dem Papst gegenüber, dazu bedurften sie der Hülfe, und diese machte der Löwe davon abhängig, daß ihm das Herzogsamt in Baiern als sein altes Recht wieder werde, und als Heinrich, Conrads Sohn, für Jasomirgott sich entschied, kam es zum Kampfe zwischen Hohenstaufen und Welfen, den Albert der Bär benutzte, seine Ansprüche auf Sachsen mit dem Schwerte in der Hand geltend zu machen.

Friedrich Barbarossa aber söhnte sich mit dem Löwen aus, ihm wurde das Herzogsamt in Sachsen und auf dem Tage von Goslar (1154) auch das in Baiern zugesprochen, wenn derselbe seine Ansprüche auf letzteres auch erst nach dem Römerzuge des Kaisers gegen Jasomirgott geltend zu machen versprach.

Papst Hadrian wurde denn auch von dem Kaiser gedemüthigt, und der Löwe rettete demselben bei einem Aufstande der Römer das Leben, der dafür mit den Reichslehen Harburg, Bremervörde, Freiburg und Stade belehnt wurde; auch erhielt er Baiern zurück mit Ausnahme der Ostmark, die bei Oesterreich blieb. Heinrich ließ Baiern durch die Wittelsbachsche Familie verwalten, und suchte in Niedersachsen, wo er durch Erbschaften, Heirathen und Eroberungen (Mecklenburg hatte er den Wenden abgenommen) eine große Hausmacht besaß, diese zu vermehren. Er war Tyrann gegen seine Vasallen, namentlich die Schaumburger Grafen in Holstein, bedrückte die Geistlichkeit und hielt sich bald für so mächtig, dem Kaiser die Stellung eines Truppencontingents weigern zu dürfen. Nach den neuesten Forschungen von Hans Prutz ist die welfische Geschichte zwar um einen Glanzpunkt ärmer, der Fußfall des Kaisers vor dem Löwen in Chiavenna gehört ins Gebiet der Fabel. Der Löwe, zu den Tagen von Worms, Magdeburg und Goslar geladen, um sich wegen seines Treubruchs zu verantworten, wurde 1180 in Gelnhausen in die Reichsacht gethan, Baiern wurde den Wittelsbachern verliehen, Sachsen zwischen dem Askanier und dem Erzherzog von Köln getheilt.

Der welfische Historiograph will das Thun Heinrich des Löwen nicht nach den Grundsätzen der **Moral** und des **Rechts** beurtheilt wissen, sondern nach der zwingenden Nothwendigkeit, die dem Besitze der Billungschen, Brunonischen, Nordheimer, Supplinburger Güter anklebte, deren Besitzer einen 50jährigen Kampf für die Reichsunmittelbarkeit gekämpft hatten. Weil die alten Sachsenherzoge also schon Felonie begangen, gegen das Kaiserthum gewühlt, aus Reichslehen Allode zu machen bestrebt gewesen, war dies für den Löwen auch erlaubt oder vielmehr geboten.

Der Löwe war nach England verbannt; als ihm 1185 die Rückkehr erlaubt war und der Fortbesitz seiner Allode zwischen Oker, Leine und Weser. Als der Rothbart die Thorheit beging, an dem 1187 gepredigten Kreuzzuge sich zu betheiligen, traute er dem Löwen nicht zu, daß er den Landfrieden halten würde, und stellte ihm die Wahl, sich entweder dem Kreuzzuge anzuschließen oder mit seinem ältesten Sohne drei Jahre in die Verbannung zu gehen. Heinrich wählte das Letztere; kaum aber war der Kaiser fern, als er nach Deutschland zurückkehrte, sich mit dem Erzbischof von Bremen versöhnte, die große, reiche, schöne Stadt Bardowik, weil sie ihm nicht treu, dem Erdboden gleich machte, den Bischof von Hildesheim und den Askanier überfiel.

Als der Rothbart verschieden, söhnte sich der Löwe mit Kaiser Heinrich VI. aus und gab ihm seinen Sohn als Geisel mit nach Italien. Dieser entfloh und von neuem kämpften die Welfen im Bunde mit Tancred gegen den Kaiser.

Die Treulosigkeit dieses größten aller Welfen, dessen Politik, sich souverain zu stellen von Kaiser und Reich, von dem königlichen Historiographen beschönigt und vertheidigt wird, ist ein charakteristisches Merkmal aller Welfen.

Mit dem Löwen sank die welfische Macht dahin; zwar vereinigte sein Enkel Otto das Kind einen großen Theil der Güter wieder, die er dem Kaiser zu Lehn auftrug, und dann als Herzogthum Braunschweig wieder zu Lehn empfing, aber von da an sank durch Theilungen und abermalige Theilungen Macht und Ansehen der vielen welfischen Fürsten auf ein Minimum. Erst der eigentliche Stammvater des jetzigen Geschlechts, Herzog Georg, und nach ihm sein Sohn, der erste Kurfürst Ernst August, der Stifter der Primogenitur, sammelte das Zerstückelte wieder.

Ein König, der solche Vorfahren hatte, kann sich unmöglich erniedrigen, sich von einem Zoller mediatisiren zu lassen; Georg V. würde selbst heute noch nicht das Bündniß mit Preußen annehmen, das ihm am 15. Juni geboten war. Da nun aber die Einigung Deutschlands eine Nothwendigkeit ist, eine größere Nothwendigkeit als die Existenz von Welfenherrschaft in Hannover, so müssen wir uns in diese Nothwendigkeit fügen. Deutschland kann die Welfen entbehren, es kann aber Preußen nicht entbehren; welchen Schutz die süddeutsche Kleinstaaterei und die Bundeskriegsverfassung bei einem Angriffe von Frankreich gewährt haben würde, kann man nach den Resultaten des Kriegs vom Juli dieses Jahres sehen.

Gegen einen norddeutschen Bundesstaat von Königsberg bis Emden, von Breslau bis Trier, von Flensburg bis Coburg, wird sich Frankreich nicht so leicht erheben. Süddeutschland wird uns kommen und hoffentlich auch die Reichsverfassung.

Hannoveraner, laßt Euch nichts vormachen von einer gloriosen Vergangenheit, die eine Unterwerfung unter Preußen nicht dulde. Als hannoversches Volk haben wir solche nicht. Die Hannoveraner haben aber, wo sie in englischem Solde waren, namentlich auch als deutsche Legion, wacker gekämpft, wie sie bei Waterloo sich brav unter Wellington geschlagen haben. Außerdem aber sollen wir nicht Preußen unterworfen werden, wir sollen vielmehr Preußen werden, wir sollen mit einem Volke vereinigt werden, dem Deutschland 1813 allein seine Rettung verdankte. Betrachten wir uns mit den tapfern Hessen und Nassauern als Element, das neues deutsches Blut in die preußischen Adern bringt und märkisch-pommersches Junkerthum mit den Rheinländern und Westphalen haßt, und wo es nöthig, mit ihnen und den Braunschweigern und Sachsen gemeinsam bekämpfen wird.

III. Welfische Könige in England.

Wir haben aus dem Munde Georgs V. unzählige Male gehört, daß wir ihm angestammt seien. Georg hat sich dabei gedacht, daß die Lande Hannover ihm gehörten wie ein Meiergut, und daß die Leute, die in diesem Lande lebten, ihm zugeboren wären wie die Lämmer einer Schafherde dem Gutsbesitzer, dem Herrn. Georg hat nie daran gedacht, daß das Unterthanenverhältniß etwas Freies ist, das, möge es selbst nach der einen oder andern Verfassung durch Geburt entstehen, doch durch den freien Willen lösbar ist; er denkt sich von Gottes Gnaden als Besitzer Hannovers und der darin geborenen

Hannoveraner, er glaubt, daß wir Hannoveraner ohne den Welfen gar nicht existiren könnten. Das Band, welches die Angestammten mit den Welfen verbinde, hat er in freveln‑ dem Uebermuthe wiederholt gesagt, binde bis zum Ende aller Dinge. Ich hasse das Wort „angestammt" — es erinnert mich an Stammvieh. Daß mich Gott in einem Stück Welfenlande das Licht der Welt hat erblicken lassen, macht mich noch nicht zu einem Manne Georgs, denn ich wurde eher geboren, als er, zu einer Zeit geboren, wo kein Welfe, sondern ein Napo‑ leonide auf hannoverschem Throne saß. Ich habe mich nie angestammt gefühlt, obwohl mein Großvater herrschaftlicher eigenbehöriger Großköthner war. Die Franzosen hatten ihn frei gemacht; als die Welfen wieder ins Land kamen, wurde er wieder eigenbehörig und erlebte das Jahr 1833, das ihn frei gemacht hätte, nicht mehr. Mein Vater, welcher, als Reiter in Portugal und Spanien, wie später bei Water‑ loo für die Welfen gefochten und mit einer Einnehmerstelle begnadigt war, war ein so loyaler Unterthan, als Georg III. ihn nur verlangen konnte. Vielleicht macht es das englische Blut der Mutter, daß ich kein unterthäniger Fürstendiener ge‑ worden bin.

Der erste Welfe, den ich zu sehen bekam, war Georg IV.; man empfing ihn in meiner Vaterstadt mit weißen Jungfrauen und Ehrenpforten. Abends war Illumination, und ich er‑ innere mich, daß alles Volk zu einem Transparent strömte, das ein sehr großes Glas vorstellte mit der Unterschrift:

Hei kümmt! hei kümmt!
Ob sei wohl einen nümmt?

Man staunte den Mann mit dem rothen Rocke und der hohen schwarzen Halsbinde an als ein Wunderthier, als einen Mann, der sehr viel Portwein und Sprit vertragen könne.

Das Gesicht Georgs war so roth, als sein Rock — der Welfe hat auf mich, den Knaben, einen schlechten Eindruck gemacht, und nachdem ich größer geworden und in Geschichtsbüchern herumgelesen, haben alle Welfen mir mißfallen.

Ein wahres Beispiel welfischer Treue giebt uns Herzog Georg, der eigentliche Stammherr des jetzigen Hauses. Er diente im 30jährigen Kriege erst bei der niedersächsischen Kreisarmee als General, dann ging er zum Kaiser über, dann verkaufte er sich an Gustav Adolph und eroberte sich Hildesheim, darauf trat er dem Prager Separatfrieden bei, um vier Jahre später mit Schweden und Frankreich sich zu verbinden. Er starb an Gift, in Oesterreich gemischt.

Sein jüngster Sohn, Ernst August, vermählt mit Sophia Stuart oder richtiger Sophie von der Pfalz, Enkelin der Stuarts, war Gründer der Primogenitur, Erwerber des Kurhuts. Er hat das Verdienst, die Maitressenwirthschaft und eine luxuriöse, verschwenderische Hofhaltung eingeführt zu haben. Sein Sohn mußte sich Lüneburg erheirathen mit der schönen Sophia Dorothea, Tochter der Eleonore d'Olbreuse.

Die Maitresse des Kurfürsten Ernst August, die böse Gräfin Platen, Clara Elisabeth geb. Freiin von Meisenbuch, ließ mit dessen Vorwissen den Grafen Königsmark im Schlosse zu Hannover ermorden, und der Mann sperrte seine schöne Frau in das lebenslängliche Gefängniß auf Schloß Ahlden, während er selbst den Maitressenunfug seines Vaters fortsetzte.

Seit 1699 wurden große Summen nach England geschickt, um einflußreiche Mitglieder des Parlaments zu bestechen, für das Erbrecht der Mutter Georgs zu stimmen. Hinter dem Rücken der Kalenbergschen Landschaft ließ sich Georg von dem Ausschusse derselben 300,000 Thlr. geben zu solchen Zwecken, dagegen wurden die Diäten der Schatzräthe auf 4 Thlr., die der Ritterschafts-Deputirten auf 3 Thlr. erhöht. Die Sache wurde erst nach beinahe einem Jahrhundert bekannt. Georg erreichte seinen Zweck, er war König von England und vereinigte alle lüneburgschen Lande unter seinem Scepter.

Nach der Schilderung Horace Walpole's mangelte es Georg I. an Geist, an Würde, an Tact. Er war eigensinnig und gewaltsam; eigensinnig und gewaltsam sind alle seine Nachkommen.

Georg sprach nicht Englisch, er lernte es nie, er ließ Walpole regieren, mit dem er sich in Küchenlatein mühsam verständigte.

Seine drei Maitressen gehörten der Familie der Grafen Platen an, von der ein Nachkomme Georg V. jetzt auf seiner Irrfahrt nach Wien begleitet, nachdem er Bismarck schlau überlistet zu haben glaubte. Die eine, Gräfin von Kielmannsegge, später Gräfin Darlington, war sogar die Tochter der Maitresse seines Vaters, ja, wie die Herzogin von Orleans in ihren bekannten Briefen sagt, stand sie Georg I. sogar noch näher.

Die zweite Maitresse, die junge Gräfin von Platen, geb. von Uffeln, war die Schwiegertochter der bösen Platen; die dürre, lange Gräfin Schulenburg, später Herzogin von Kendal, nannten die Engländer die Kletterstange. Diese drei Maitressen verkauften Ehrenämter, Würden und Stellen in England und Hannover und beherrschten den König ganz.

Georg II. hat das Verdienst, einen Minister gehabt zu haben, Adolf von Münchhausen, welcher der hannoverschen Welfenkrone das Juwel der Georgia Augusta hinzufügte, — er selbst war ein Mann ohne allen Geist.

Selbst der welfische Hofhistoriograph Schaumann nennt ihn „einen Mann, der weder von Gefühlen, noch von irgend einer Art des Idealismus beherrscht wurde." Die Herzogin von Orleans, welche bekanntlich kein Blatt vor den Mund nimmt, sagt von ihm: "er sei ridicul in seinen Reden wie in seinem Thun." Er war plump, brüsk, hart, voll steifer Wichtigkeit. Seine hervorragendste Eigenschaft war die Eitelkeit, die sich selbst auf seine Urenkel fortgeerbt, ja, bis zur Selbstvergötterung gesteigert hat.

Er war, wie Lord Hervey schreibt: "Feind jedes Rathes, auch des besten, den er nicht selbst ertheilte; seinem Willen zu widersprechen, war jeder Zeit der Weg, ihn erst recht darin zu bestärken." Wer wundert sich noch über das Thun und Lassen Georgs V.? Georg II. wollte keine Minister, die ihm Rath ertheilten, er wollte nur Minister, die ihm gehorchten — ganz so, wie Georg V.

Während er zu herrschen glaubte, wurde er von seiner stolzen machtsüchtigen Frau, Caroline v. Ansbach, in Gemeinschaft mit Walpole, beherrscht. Er hielt sich gleichfalls Maitressen, aber nur der Mode wegen und beinahe auf Wunsch seiner Frau, welche die Kosten seiner langweiligen Unterhaltung nicht allein tragen wollte.

Georg II. hat Hannover in den seinen Interessen gänzlich fern liegenden siebenjährigen Krieg verwickelt; das kleine Land mit 750,000 Einwohnern mußte 45,000 Mann Truppen halten, es machte aber außerdem 17 Millionen Thaler Schulden, die England zu ersetzen verpflichtet war, in dessen Interesse allein der Krieg geführt wurde.

Was aber noch schlimmer war, Georg, obgleich er Hannover gern hatte und oft dort weilte, bekümmerte sich so gut wie gar nicht darum, wie sein Adel das Kurfürstenthum regierte, er ließ es geschehen, daß die steuerfreien Ritter auch die Lasten des siebenjährigen Krieges von sich auf das Volk wälzten, die Schulden durch eine Kopfsteuer abzahlen ließen, welche den Tagelöhner traf wie den reichsten Ritter.

2

Wie Georg II. als Kronprinz mit seinem Vater in beständigem Streite lebte, so auch mit dem Prinzen von Wales, der, wie Hervey sagt, einen noch viel schwächeren Verstand und wo möglich ein noch viel hartnäckigeres Wesen hatte, als sein Vater.

Walpole sagt, der Prinz von Wales hatte nicht ein Gran Verdienst in sich; sein Vater verabscheute ihn, seine Mutter verachtete ihn, seine Schwestern betrogen ihn, wie dies auch seine Frau, die Prinzessin Augusta von Gotha, that, eine Dame von einer über die Maßen seltenen Verstellungskunst, von der die Enkel profitirt haben, wenn auch nicht so sehr der Sohn, Georg III.

Unter Georg III. sank Hannover immer mehr zu einem bloßen Anhängsel Englands herab, das von diesem auf ächt englische Weise ausgebeutet wurde; je mehr England zu einer Weltmacht heranwuchs, je unbedeutender wurde Hannover, es wurde von Pitt und den englischen Ministern als eine Meierei des Königs angesehen, der Beachtung nur werth, wenn man die hannoverschen Kühe eben melken konnte. Lord Gey wünschte, daß Hannover vom Meere verschlungen würde. Georg III. kam dem entgegen, er rühmte sich, der erste in England geborene König zu sein, er hatte für Hannover kein Herz und kein Interesse. Georg III. wird in der Regel nicht genannt, wenn man die Fürsten aufzählt, welche Menschenhandel mit ihren Völkern trieben, und doch hat er so gut als der Kurfürst von Hessen u. a. seine Hannoveraner an England verkauft, der Unterschied ist nur der, daß er als Kurfürst von Hannover sich selbst als König von Großbritannien die Hannoveraner verkaufte, um für England auf Port Mahon, bei Gibraltar, in Minorca und sogar in Indien gegen Hyder Ali zu fechten. Georg III. hat das Land seiner Väter nie mit einem Fuße betreten, er hat es während einer sehr langen Regierung nie der Mühe werth gehalten, auch nur einmal nach Hannover zu reisen. Nicht nur dies, er that kurz nach seinem Regierungsantritt das Unerhörte, er erließ am 30. September 1762 ein Edict, welches den Hannoveranern bei schwerer Strafe verbot, sich mit Bitten oder Beschwerden an ihn, oder überhaupt nach England zu wenden. So wurde das Geheimrathscollegium allmächtig und jeder Verantwortung bar. Davon, daß England Hannover 17 Millionen Kriegsentschädigung schulde, durfte keiner seiner Räthe zu ihm reden.

Georg hatte, wie sein Vater, ein sehr großes Selbstgefühl von seiner eigenen Würde. Bei seinem ausgeprägten Hasse gegen jede Neuerung stieß auch die kleinste Veränderung auf Widerstand bei ihm. Rehberg, der als Privatsecretär seines zweiten Sohnes, des Bischofs von Osnabrück, den Charakter des Königs genau kannte, sagt: „Verbesserungen, die auch nur den Anschein von Neuerungen hatten, stießen bei Georg III. auf Hindernisse, es geschah nichts, auch nur die auffallendsten Mängel abzustellen."

Georg III. bekämpfte die französische Revolution aus Princip, aus Haß gegen die Idee des Fortschritts, Pitt, um England seine Weltstellung, seine Herrschaft über alle Meere zu erhalten. Georg III. miethete, als die erste Coalition gegen Frankreich begann, 16,000 Hannoveraner, die er in englischem Solde in den Niederlanden gegen Frankreich kämpfen ließ. Ein Reichscontingent stellte Hannover nicht, die Hannoveraner kämpften daher nicht für ihr Vaterland, sie kämpften abermals für England, und das bei Hondschoote vergossene Blut war für englische Politik vergossen.

Als Preußen den Baseler Frieden geschlossen, für Hannover mit geschlossen, erklärte Georg III., er beruhige sich bei diesem ihm fremden Friedensschlusse, er verweigerte aber ausdrücklichen Beitritt, der Hannover doch allein sichern konnte, widerstrebte auch den Bemühungen Preußens, alle Kräfte hinter der Demarcationslinie zu vereinigen, um ein schlagfertiges Heer zu haben. Als England nun im Frühjahr 1803 die Bedingungen des Friedens von Amiens, Malta zu räumen, nicht halten wollte, drohte Frankreich, Hannover zu besetzen; da stellte man dem Könige vor, daß die hannoverschen Truppen gänzlich unmobil und unfähig wären, einer französischen Occupation Widerstand zu leisten. Der Halsstarrigkeit Georgs war aber keine Mobilisirungsordre abzuringen, und die Conventionen von Sulingen und Artlenburg, welche den Franzosen das Land und eine Kriegsbeute von 10 Millionen Thalern überlieferten, waren die Folge. Selbst zur Rettung der Armee fehlten die nöthigen Schiffe, solche waren aber vorhanden gewesen, um einige Scharteken, alte Teppiche und Vorhänge nach England zu führen. Georg trug an diesem Unglück nicht allein Schuld, sondern seine englischen Minister und das Parlament wollten nichts thun, Hannover zu retten, das doch lediglich Englands wegen angegriffen wurde.

Hätte Georg 1809 Münster's Pläne und die deutscher Patrioten, welche Norddeutschland von der Ems bis zur Elbe, bis in den Harz herein revolutioniren wollten, kräftiger unterstützt, so wäre Oesterreich vielleicht nicht zu dem Waffenstillstande von Znaym genöthigt und Münster's Gedanken eines großen Welfenreichs wären 1814 und 1815 berechtigter gewesen.

Seit 1810 wurde der periodische Wahnsinn Georgs III. constant und der Prinzregent begann die Regierung. Er vereinigte alle schlechten Eigenschaften der Welfen in sich, ohne eine einzige gute Eigenschaft derselben zu haben, sein größter Ehrgeiz war, Löwe unter den Stutzern und Roués zu sein.

War es möglich, daß das hannoversche Volk einen dieser vier Georgs lieben konnte?

Es hat auch nie einen der Könige geliebt, das Volk kannte sie kaum. Nur Einen König von Hannover, auf englischem Throne, hat das hannoversche Volk geliebt, das war

Wilhelm IV., der ihm das Staatsgrundgesetz gab. Aber auch er war nicht ganz treu. Es ist vielleicht ein mit von Falk zu Grabe getragenes Geheimniß, weßhalb das Staatsgrundgesetz nicht also publicirt wurde, wie es aus der ständischen Berathung hervorgegangen, und warum man, wenn man in England nochmals änderte, das Versprechen, diese Aenderungen den Ständen zur Genehmigung unterzubreiten, nicht hielt. Hatte Oesterreich da falschen Rath gegeben? Es sah dies Metternich ähnlich.

Hannoveraner, hatten unsere Väter, Großväter und Urgroßväter Grund, den Welfen auf englischem Throne mit großer Liebe anzuhängen?

IV. Hannover unter eigenen Königen.

Es konnte scheinen, als ob eine Prüfung der Frage, ob das hannoversche Volk, das den Königen auf englischem Throne nicht zur Dankbarkeit verpflichtet war, seinen eigenen Königen Ernst August und Georg V. zur Liebe und Dankbarkeit verpflichtet, unnöthig, da sie durch zwei Broschüren erledigt ist, 1861 durch: Hie Welf! und jetzt durch die in Bremen erschienene Broschüre: Hannover unter eigenen Königen erörtert ist. Allein Hie Welf! ist längst vergessen und der Bremer beginnt sein Opus mit einem so groben historischen Schnitzer, indem er die Königin Victoria eine Tochter Wilhelms IV. sein läßt, daß meine Landsleute nie großes Vertrauen zu ihm fassen würden. Ueberhaupt liebt man es nicht, sich von einem so particularistischen Völkchen, wie die Bremer sind, gute Lehren und Ermahnungen geben zu lassen.

Der Tod Wilhelms IV. kam dem Staatsdienerthum, das sich durch die Regulative die Zukunft sichern wollte, wie der zerklüfteten Zweiten Kammer gänzlich unvorbereitet. Nicht so dem Adel, der in London bessere Quellen hatte. Der Thronfolger in Hannover, Herzog von Cumberland, war sehr mißliebig in England, man beschuldigte ihn sogar der Ermordung seines Kammerdieners und Theilnahme an einer Verschwörung zum Sturze seines Bruders. Die radicalen Blätter sagten: „Außer dem Selbstmord hat der Herzog von Cumberland jedes denkbare Verbrechen auf sich geladen." (Histor.-polit. Aufsätze von H. v. Treitschke. Leipzig 1865 p. 391.) Wir kennen aber die Uebertreibungen, die sich der Parteihaß in England zu Schulden kommen läßt und legen auf das, was der Herzog von Cumberland in England gethan, überall Gewicht nicht. Er lebte dieser Mißliebigkeit in England wegen von seiner englischen Apanage und von großen Schulden in Berlin, Intimus des Fürsten Karl von Mecklenburg. Der Generalfeldzeugmeister v. d. Decken und Geheime Rath Schele hatten längst geheime Verbindungen mit Ernst August durch Schele's Schwager Müffling angeknüpft. Schele versprach, dem künftigen Könige die Domainen zurückzuschaffen, dieser versprach, die Ablösungsgesetze wieder aufzuheben.

Das erste wurde mit der Aufhebung des Staatsgrundgesetzes ins Werk gesetzt, wider den Rath selbst von Metternich zu Münchengrätz. Das Patent vom 1. November erklärte die Verfassung für null und nichtig; die sieben Professoren wurden verjagt, es wurde in Rotenkirchen eine Adresse gefälscht, Drohungen und Vergewaltigungen an Einzelnen traten ein.

Einer unserer bedeutendsten neueren Historiker sagt von Ernst August: „Als ein consequenter Vertreter des Königthums von Gottes Gnaden darf er nicht gelten, der in Deutschland zwar mit gotteslästerlichen Worten von seiner Fürstenallmacht redete, in England aber sein königliches Knie beugte vor der gehaßten Nichte, um nur die Apanage von 21,000 Pfd. St. nicht zu verlieren."

Der Verfassungsparagraph, wonach der blinde Kronprinz

als an der Selbstregierung behindert anzusehen war, wurde natürlich beseitigt, die Kassenvereinigung aufgehoben, die Domainen der geheimen Verwaltung des Königs zurückgegeben, die Ministerverantwortlichkeit aufgehoben. Das Landesverfassungsgesetz von 1840 kam mit einer Ständeversammlung zu Stande, zu der die wichtigsten Corporationen, sämmtliche größeren Städte des Landes, keine Deputirten gesendet, mit einer durch Minoritäts- und Zwangswahlen corrumpirten Kammer.

Die Opposition, die nach den Wahlen von 1841 die Majorität hatte, wurde nach Hause geschickt und für unfähig erklärt, in der Kammer zu sitzen. Die Erträge der Steuern hatten große Ueberschüsse geschaffen, bei deren Theilung die königliche Kasse nicht zu kurz kam. Das Ablösungsgesetz wurde zwar nicht wieder aufgehoben, allein die Adelskammer arbeitete stark an der Erhaltung und Wiederherstellung der Exemtionen. Das Jagd- und Wilddiebstahlsgesetz machte durch seine Grausamkeit Aufsehen in Europa. Ernst August zog den Adel in allen Branchen des Staatsdienstes vor, er purificirte die Garde von unadeligen Officieren, die Lotterien wurden zum Verderben des Volks fiscalisch ausgebeutet. Domanialvergebungen an von Voß und von Lütken fanden Statt, aus den Domanial-Ablösungsfonds wurden Begünstigten zu den geringsten Zinsen große Summen dargeliehen.

Niemals, niemals, niemals wollte Ernst August die 1847 beantragte Oeffentlichkeit ständischer Verhandlungen.

Die Stadt Hannover ist durch Ernst August bedeutend erweitert und verschönert, sie hat durch Centralisation der Eisenbahnen, der Behörden und des Militärs die Zahl ihrer Einwohner mehr als verdoppelt seit 1837. Man führte in Hannover ein luxuriöses Leben. Ernst August liebte es, wenn sein Adel Luxus machte. Ernst August war, wie alle Welfen, eigensinnig bis zum Excesse, es war sehr schwer mit ihm umzugehen, aber er hatte doch wenigstens größere politische und staatsmännische Einsichten als sein Sohn, und verstand die Kunst, die Leute zu regieren. Als die Revolution von 1848 kam, da berief er ohne Besinnen den Mann zur Bildung eines Ministeriums, der ihm die meiste Opposition bei Aufhebung des Staatsgrundgesetzes gemacht, Stüve. Stüve wußte auf gesetzlichem Wege ohne Rechtsunterbrechung aus der Verfassung von 1840 ein leidliches Verfassungsgesetz zu machen. König wie Kronprinz verpfändeten ihr königliches Wort, diese Verfassung zu halten.

Ernst August hatte auch seine Zustimmung zu einem Programme gegeben, wonach die ganze Verwaltung wie die Justiz in Gemäßheit der in der Verfassung niedergelegten Principien reorganisirt werden sollten. Die Umwandlung der Provincialstände, in denen Stüve den Rittern nur die Bedeutung lassen wollte, die ihnen nach ihrem wirklichen Grundbesitz gebührte, schuf eine compacte Opposition der Ritter, verstärkt durch auswärtigen Einfluß. Als die Gesetze die Zustimmung der Stände erhalten hatten, verweigerte Ernst August ihre Vollziehung. Das Ministerium Stüve mußte seinen Abschied nehmen, weil es dem Volke seine Versprechungen nicht halten konnte.

Ernst August war nicht nur dem eigenen Volke wortbrüchig, er war es auch gegen Preußen, indem er sich, als die Gefahren der Revolution vorüber waren, sofort dem Dreikönigs-Bündnisse entzog. Das Ministerium v. Münchhausen-Lindemann hatte auf gleiche Weise wie seine Vorgänger mit der Unbeständigkeit und Umwandlung des Welfen zu kämpfen, obgleich dieser sich verschiedentlich gegen sein Volk gerühmt hatte, wenn er sein Wort gegeben, halte er es auch. Ernst August starb am 18. Nov. 1851.

Sein Sohn Georg, der sich den Fünften nannte, die Könige von England mitzählend, war blind. Man hatte geglaubt, wenn man eine Form erfände, durch die glaubhaft bescheinigt werden könne, daß ihm ein Erlaß vorgelesen und dann von ihm unterschrieben sei, er damit die Kunst des Regierens erlernt habe. Er hatte schon als Kronprinz während der Abwesenheit des Königs dem Lande zeigen müssen, daß er regieren könne. Daß der blinde Regent, wenn er König geworden, diese Verordnung aufheben und durch eine neue Verordnung die Verification zu einer bloßen Formsache abschwächen könne, daran schien man nicht gedacht zu haben.

Im Jahre 1848 hatte man nicht den Muth, auf die Blindheit des Thronfolgers zurückzukommen und seine Regierungsunfähigkeit auszusprechen. Ernst August würde dazu auch nimmermehr seine Einwilligung gegeben haben. Man glaubte damit auszukommen, wenn man in §. 101 des Gesetzes vom 5. Sept. die Bestimmung einschaltete:

„Die oberste Leitung der Regierung unter dem Könige geht von dem Gesammt-Ministerium aus, dessen Mitglieder der König nach eigener Wahl ernennt und nach Gefallen entläßt."

Man dachte nicht daran, wie leicht sich ein solcher Paragraph umgehen lasse.

Man erhob keine Opposition gegen seine Thronbesteigung, Georg V. gab sein königliches Wort, die Verfassung zu halten, und das Volk huldigte.

Ein Ministerium Schele, das zwei der hauptsächlichsten ritterschaftlichen Oppositionsmänner, R. R. v. Borries und J. R. v. d. Decken, in sich aufnahm, war geschaffen. Von diesen Rittern bestärkt, drängte Georg V. sofort zum Verfassungsbruch durch das Medium des Bundes, allein Schele und die übrigen Minister wußten ihm klar zu machen, daß die Einmischung des Bundes anrufen; sich wesentlicher Souveränetätsrechte entäußern heiße. Das begriff der Mann, dem Souveränetät über Alles ging; Decken und Borries machten

Hammerstein und Bacmeister Platz. Der gleichzeitige Versuch, sich mit den Ständen und den Rittern über eine Reorganisation der Verfassung und des provinziallandschaftlichen Gesetzes zu verständigen, mißlang an dem Zuvielfordern der Ritter, 1852, und als sie im folgenden Jahre möglich war, an der Schwäche des Ministeriums dem Könige gegenüber. Dieser, von der Mutter in allen Künsten der Verstellung großgezogen, das Blut der Welfen in sich, ihre Sucht nach Macht und Herrschaft, ihren Eigensinn, ihre Verschmähung guten Rathes, ihre Werthüberschätzung des eigenen Ichs, ihre Scheinheiligkeit, hatte sich das Ministerium bald unterthänig gemacht und wußte seinen Herrscherwillen gegen Beschlüsse des Gesammt-Ministeriums durchzusetzen. Die Herren ließen sich schlecht behandeln, sie duldeten es, oft wochenlang nicht zum Vortrage zugelassen zu werden, sie gehorchten Immediatbefehlen und ließen dem persönlichen Regimente viel freieren Spielraum, als es nach der Verfassung hätte geschehen sollen. Allerlei höfischer und nicht höfischer Einfluß, die Ohrenbläsereien eines Friseurs, die Schmeicheleien und Klatschereien des Polizei-Directors Wermuth machten sich geltend.

Die Königin Marie, eine nicht sehr geistreiche, aber dafür desto frommere Altenburgerin, in den kleinsten Verhältnissen erzogen, und der König selbst, vom Vater wie von Hrn. v. Malortie bis Nov. 1851 knapp gehalten, d. h. auf die vom Lande gegebene Apanage beschränkt, neigten der Verschwendung zu, sie kannten den Werth des Geldes nicht, sie gaben und schenkten gern, wenn sie damit renommiren konnten. Die reiche Krondotation reichte nicht zu. Die Hofhaushaltung war lüderlich und unordentlich geführt, Spieler und unzuverlässige Menschen führten die königliche Chatull- und andere Kassen, wie der im Zuchthause endende General v. Hedemann, in neuerer Zeit noch der mit der Erbauung der Marienburg beauftragte Obristlieutenant und Burghauptmann Witte.

Wechsel des Königs und der Königin curfirten in der Handels-
welt. Nun fehlte es nicht an Leuten, die den Rath des alten
Schele wiederholten, der König möge sich die Domainen zurücknehmen, dann habe er reichlich Geld. Es scheint, daß der
Geldpunkt den Ausschlag gab, denn das von Stahl eingefor-
derte Gutachten entschied sich für die Rechtsgültigkeit der Verfassung. Das Ministerium Schele wurde im Herbst 1853
entlassen, v. Lütcken bildete ein neues Ministerium aus bürgerlichen Elementen, der frühere Archiv-Secretär Zimmermann,
zum Regierungsrathe und Referenten im Gesammt-Ministerium gemacht, erhielt den Auftrag, die Beschwerden der Ritter
bei dem Bunde dahin zu beantworten, daß die Regierung dieselben für begründet und die Verfassung von 1848 für un-
gültig entstanden erklärte.

So kam es denn abermals zum Verfassungsbruche und
zu dem Ministerium Borries.

Ich müßte ein Buch schreiben, wollte ich die Mißregierung von 1855 bis 1862 im Detail schildern; und wenn das
schwache Ministerium Hammerstein-Windthorst von 1862 bis
1865 auch Manches that, das, was Borries verbrochen, wieder gut zu machen, so geschah dies meist wider Willen des
Königs, wie dieser durch die Art, wie er seine Minister im
vorigen Herbste zwang, ihren Abschied zu nehmen, deutlich
bewies.

Georg wählte sich jetzt Fachminister, Männer, die fein
persönliches Regiment duldeten, Männer, außer Bacmeister,
sämmtlich ohne alle staatsmännische Befähigung, geneigt, Ja
zu sagen zu Allem, was der König wünschte. Wie konnte
das Ende anders sein, als es war?

Alle diese Dinge sind noch so sehr in der Erinnerung
unseres Volkes, daß ich sie nicht im Einzelnen aufzählen will,
dagegen will ich versuchen, aus dem Charakter Georgs dieselben zu erklären.

Der Hauptfehler des Königs ist die grenzenlose Meinung, die derselbe von seiner eigenen Würde, von dem Alter, der Größe und Bedeutung seiner Dynastie, von der Bedeutung seiner Lande, von der Göttlichkeit des Königthums, der Pflicht des Gehorsams und der Unterthänigkeit seiner Unterthanen hat.

Wenn man die Reden sammelte, welche Georg seit 1855 gehalten hat, die Briefe, die er an Gemeinden und Einzelne hat ergehen lassen, die Telegraphen-Antworten und Glückwünsche, man würde Belege haben, mehr als man bedürfte.

Der zweite Fehler ist Verstellung und Heuchelei. Sein ganzes Wesen ist dadurch zur Unwahrheit geworden, daß er sich sehend stellt und von seiner Umgebung verlangt, ihn also zu betrachten. Wehe dem Unglücklichen, der es wagte, ihn an die Blindheit zu erinnern, sein Bedauern auszusprechen, daß er Dies oder Jenes nicht sehen könnte! Paraden abzunehmen, Officiere und Truppen wegen der Haltung zu beloben, Kunstausstellungen zu besuchen und vor Bildern zu stehen, sich Bauerwirthschaften zeigen zu lassen und sie zu loben — dabei hört doch Alles auf! Selbst in den Tagen von Göttingen, als das Unglück sich schon an seine Fersen geheftet, ging er mit dem Kronprinzen und Adjutanten v. Kohlrausch nach dem Kirchhofe vor dem Weenderthore, um sich das Grabmal Cäcilia Tychsen's, der Flamme des Dichters der bezauberten Rose, zeigen zu lassen. Von plastischen Formen, die sich durch Tasten dem Gemeinsinn vorstellig machen mit Hülfe der Phantasie, vom Welfenschlosse und der Marienburg und ähnlichen durch Modelle Blinden zugänglich zu machenden Dingen mochte Georg eine Vorstellung haben, aber von andern Dingen, von Farbe, Mienenspiel eines Schauspielers u. s. w. unmöglich.

Wie viel von der Frömmigkeit und Christlichkeit, die der König bei jeder Gelegenheit zur Schau trug, gemacht ist, wie viel wahr, darüber giebt es verschiedene Ansichten. Der kirchliche Jargon war so sehr bei ihm zur Gewohnheit geworden, daß er selbst in der Proclamation von Langensalza an seine Truppen der heiligen Dreifaltigkeit und des theuren, von dem Herrn und Heilande vergossenen Blutes Erwähnung that.

Der Gedanke, daß das Welfenreich „bis zu dem Tage bestehen werde, wo wir zusammen vor unserem göttlichen Heilande erscheinen", war schon bei Einweihung der Christus-kirche ausgesprochen.

Neben den bisher erörterten Eigenschaften tritt die unbezähmbare Herrschsucht als Charakterzug hervor. Ausdehnung der Regierungsgewalt selbst über die Grenzen hinaus, welche die Minister für nöthig hielten, Einmischung in die kleinsten Detailverhältnisse, Versprechungen und Zusagen hinter dem Rücken der Minister haben diesen manche große Schwierigkeit bereitet.

Die Verfassung hatte einen Schutz gegen die Blindheit des Königs in der Vorschrift eines Gesammt-Ministeriums gesucht, welches gemeinsam mit dem Könige die wichtigsten Dinge beriethe, wodurch den Einwirkungen eines Einzelnen eine Schranke entgegengesetzt und eine Art moralischen Druckes auf den Eigenwilligen ausgeübt würde. Daß sich die Militär-Angelegenheiten der Wirksamkeit dieses Gesammt-Ministeriums entzogen, daß hier der König mit seinen General-Adjutanten und den Prinzen Solms u. A. Alles allein fertig machte und der Kriegsminister, dem dafür die Spielschulden bezahlt wurden, Ja sagte, ließ Georg ein Regiment mit einzelnen Ministern viel bequemer erscheinen. Den Departements-Ministern, wozu die Minister, ohne den Namen zu führen, schon seit 1855 herabgewürdigt waren, Immediatbefehle zuzusenden, die deren Ansichten und Wünschen oft geradezu widersprachen, machte Georg förmlich Vergnügen. Wenn es irgend möglich gewesen wäre, so würde er in die Justiz eingegriffen und den Richtercollegien befohlen haben, wie sie erkennen sollten. An Versuchen, indirect mitzuwirken, hat es nicht gefehlt, und in den Dingen, worauf es ankam, half der Staatsrath, indem Competenzconflict erhoben wurde. Einwirkungen auf die Kronanwaltschaften zur Erhebung von Criminalanklagen haben noch im vorigen Herbst ziemlich öffentlich am Bahnhofe zu Verden stattgefunden. (Im Blohm'schen Falle, der vom Schwurgericht freigesprochen wurde.)

Mit dieser Herrschsucht war auch Verfolgungssucht verbunden. Wie hat man den Obergerichtsrath Plank verfolgt, blos weil er ausgesprochen und rechtlich begründet, die Octroyirungen von 1855 seien ungesetzlich! Es artete das aus in förmliche Quälereien, Confinirungen, Versagung des Urlaubs, um die kranken Eltern zu besuchen, dann Stellung auf Wartegeld, Nichtbestätigung als Syndicus von Osnabrück.

Das grüne Buch war die Quelle, aus der Georg seine F e i n d e kennen lernte, jeder, der nur einmal in der Versammlung des Nationalvereins gewesen war, der wurde als königlicher Diener nicht befördert, zum bürgerlichen Senator nicht bestätigt, war er Advocat, so sollten die Gerichte ihm keine Curatelen überweisen, war er Fabrikant, Kaufmann, Holzhändler, so durften Eisenbahnen 2c. keine Contracte mit ihm abschließen.

Die Eitelkeit des Königs zeigte sich bei gar vielen Gelegenheiten. Daß er es einführte, daß an seinem und seiner engelgleichen Königin Geburtstag in allen Kirchen des Landes Gottesdienst gehalten wurde, zu dem in den Städten die königliche Dienerschaft in weißen Halsbinden zu erscheinen genöthigt wurde, während der Prediger auf dem Lande froh war, wenn ein oder zwei alte Weiber erschienen und er nicht ganz vor leeren Bänken seinen Lobgesang auf das Welfenthum anstimmen mußte, hat manchen Prediger zur Verzweiflung gebracht, und selbst die fromme Landeszeitung zeigte sich von Zeit zu Zeit empört.

Alle sogenannten königlichen Gebäude, d. h. die aus
Staatsmitteln zu Staatszwecken erbauten Gebäude, wurden
seit einigen Jahren mit Flaggenstangen versehen und mußten
an königlichen wie prinzlichen Geburtstagen geflaggt werden.
Die Namen Welfenschloß, Welfenplatz, die Gründung
des durch die Welfenhosen berühmten Welfenmuseums erklären
sich sämmtlich aus dieser Eigenschaft. Die Benennung des
Gefechtes bei Langensalza als S ch l a ch t *) — der Taufname

---

*) An Meinen General=Lieutenant v. Arentsschildt, comman=
direnden General Meiner im Felde befindlichen Truppen. — Hauptquartier
Langensalza, den 27. Juni 1866. — Indem Ich Ihnen, Mein General=
Lieutenant v. Arentsschildt, Meine warme Anerkennung für die Führung
Meiner Armee in der heutigen Schlacht, der Ich den Namen der Schlacht
von Langensalza beilege, ausspreche, und dem Stabe, den Generalen, den
Commandeuren der einzelnen Abtheilungen, so wie überhaupt dem ganzen
Officiercorps Meiner Armee für das schöne Beispiel, mit welchem Sie
in der Schlacht vorangegangen, Meinen innigen Dank bezeige, befehle Ich
Ihnen, folgenden Erlaß an Meine Armee bekannt zu machen:
Hauptquartier Langensalza, den 27. Juni 1866. Ihr, Mein tapferes
Kriegsheer, habt mit einer in der Geschichte beispiellosen Begeisterung und
mit einer noch nie dagewesenen Willigkeit Euch auf Meinen Ruf und
freiwillig in den südlichen Provinzen Meines Königreichs, ja, selbst als Ich
bereits von Meinem Sohne, dem Kronprinzen, begleitet, an der Spitze
von Euch nach dem südlichen Deutschland zog, noch auf dem Marsche um
Eure Fahnen versammelt, um die heiligsten Rechte Meiner Krone und
die Selbstständigkeit und Unabhängigkeit unseres theuren Vaterlandes zu
bewahren, und heute habt Ihr, in Meiner und Meines theuren Sohnes
und Thronfolgers Gegenwart, mit dem Heldenmuthe Eurer Väter kämpfend,
unter dem gnädigsten Beistande des Allmächtigen für unsere gemeinsame
geheiligte Sache an dem Schlachttage zu Langensalza einen glänzenden
Sieg erfochten. Die Namen der todesmuthig gefallenen Opfer werden
in unserer Geschichte in unauslöschlichen Zügen prangen und unser gött=
licher Heiland wird ihnen dort oben den himmlischen Lohn dafür ver=
leihen. Erheben wir vereinigt die Hände zu dem dreieinigen Gott, ihn
für unsern Sieg zu loben und zu preisen und empfanget Ihr treuen
Krieger alle den nie erlöschenden Dank Eures Königs, der mit seinem
ganzen Hause und Euch dem Herrn, um Jesu Christi willen, anfleht,
unserer Sache, welche die seinige, weil sie die Sache der Gerechtigkeit,
seinen Segen zu verleihen. Georg V., Rex.
Nachdem am gestrigen Tage, den 27. Juni, Meine ruhmreiche Armee
ein neues unverwelkliches Reis in den Lorbeerkranz geflochten, welcher ihre
Fahnen schmückt, hat Mir der commandirende General, General=Lieutenant
v. Arentsschildt, und mit ihm die sämmtlichen Brigadiers auf ihre mili=

Langensalza, den er dem Kinde einer ihm befreundeten Rittmeisterin v. K. geben ließ — Alles floß aus derselben Quelle.

Aber, wird man mir einwenden, er beförderte Kunst und Wissenschaft, er gab den Musikern namentlich immer mit reichen Händen. Ja, aber nur, weil er stolz darauf war, einen Niemann und eine Seebach, einen Joachim u. A. vor Berlin, Wien und München voraus zu haben. Paßte es für ein Land, wie Hannover, einen Sänger, der 3 Monate Urlaub hatte, mit 8000 Thlrn. jährlich zu honoriren, und seine Gemahlin mit 4000 Thlrn.?

Was haben die sogenannten Ausbildungsreisen des Fräulein Ubrich gekostet?

Der Satterscandal vom vor. J. ist noch in frischen Ge-

---

tärische Ehre und ihr Gewissen erklärt, daß Meine sämmtlichen Truppen wegen der gehabten Anstrengungen und wegen der verschossenen Munition nicht mehr kampffähig seien, ja daß dieselben wegen der Erschöpfung ihrer Kräfte nicht im Stande seien, zu marschiren. Zu gleicher Zeit haben der General-Lieutenant v. Arentschildt und sämmtliche Brigadiers Mir erklärt, daß es unmöglich sei, Lebensmittel für die Truppen auf länger als einen Tag herbeizuschaffen. Da nun heute der commandirende General, General-Lieutenant v. Arentschildt, ferner die Anzeige gemacht hat, er habe sich überzeugt, daß von allen Seiten sehr bedeutende und Meiner Armee bei Weitem überlegene Truppenmassen heranrückten, so habe Ich in landesväterlicher Sorge für Meine in der Armee die Waffen tragenden Landeskinder es nicht verantworten zu können geglaubt, das Blut Meiner treuen und tapferen Soldaten in einem Kampfe vergießen zu lassen, der nach der auf Ehre und Gewissen erklärten Ueberzeugung Meiner Generale im gegenwärtigen Augenblicke ein völlig erfolgloser sein müßte. Ich habe deshalb den General-Lieutenant v. Arentschildt beauftragt, eine militärische Capitulation abzuschließen, indem eine überwältigende Uebermacht sich gegenüber befindet. Schwere Tage hat die unerforschliche Zulassung Gottes wie über Mich, Mein Haus und Mein Königreich, so auch über Meine Armee verhängt; die Gerechtigkeit des Allmächtigen bleibt Unsere Hoffnung und mit Stolz kann jeder Meiner Krieger auf die Tage des Unglücks zurückblicken, denn um so heller strahlt in ihnen die Ehre und der Ruhm der hannoverschen Waffen. Ich habe mit Meinem theuren Sohne, dem Kronprinzen, bis zum letzten Augenblicke das Loos Meiner Armee getheilt und werde es stets bezeugen und ihr nie vergessen, daß sie des Ruhmes der Vergangenheit sich auch in der Gegenwart werth gezeigt hat. Die Zukunft befehle Ich voll gläubiger Zuversicht in die Hand des allmächtigen und gerechten Gottes. — Langensalza, 28. Juni 1866. Georg V., Rex.

dächtniß aller Musikfreunde und die Leute vom Hofe bis auf die Lakaien kennen die geheime Geschichte desselben.

Eigensinnig und halsstarrig wie sein Vater und Großvater und alle Welfen, hat Georg guten Rath, woher er auch kam, immer verschmäht, dagegen sich leiten lassen von den unbedeutendsten Persönlichkeiten. Sein Eigensinn isolirte ihn selbst von seiner Familie, er hat die guten Rathschläge, die ihm seine Schwäger, Fürst Konstantin und Großherzog von Oldenburg, ertheilten, schnöde zurückgewiesen, und sich doch leiten lassen von einem Manne, wie dem aus dem Kreuzzeitungs-Lager übernommenen Meding.

Georg V. ist, weil er keinen guten Rath befolgte, weil er sich den Zollern nicht unterordnen wollte, weil er seine Macht überschätzte, in sein Verderben gerannt!

Hannoveraner, Hand auf das Herz, was verlieren wir an dem Könige Georg? Wir verlieren einen blinden, nicht zum Herrschen geschaffenen Mann voll Herrschsucht und Eitelkeit.

Aber der unschuldige Kronprinz? höre ich die Mitleidsvollen fragen.

Seht ihn nur an, wenn er zu Pferde sitzt, das Glas zwischen die Augen und die eingedrückte Nase geklemmt, mit käsebleichem Gesicht! Er ist 21 Jahre alt, hat außer der jetzigen unfreiwilligen Reise und einigen Triumphzügen im Lande keine Reisen gemacht, keine Länder und Völker gesehen, er hat keine Universität besucht, von Kunst und Wissenschaft, von großartiger Industrie anderer Länder hat er keinen Begriff. Seit drei Jahren berechtigt, seinen Sitz in Erster Kammer einzunehmen, hat er niemals von diesem Rechte Gebrauch gemacht. Er ist nicht zum Herrscher geboren, nicht zum Herrscher erzogen. Was soll er uns?

Hannoveraner, laßt den Aberglauben fallen, daß wir den Welfen angestammt wären — wer aber daran hängt, der vergesse nicht, daß König Wilhelm aus demselben welfischen Blute abstammt und keinen Grad entfernter steht zu Herzog Georg oder Kurfürst Ernst August, — selbst zu Heinrich dem Löwen, als Georg V., und daß der Kronprinz von Preußen das welfische Blut in demselben Grade in sich hat, als der, welcher sich nach dem Tode Georgs V. den angestammten König Hannovers Ernst August II., vielleicht III. genannt haben würde.

Wir gönnen unserem gewesenen Kronprinzen von Herzen die reiche Allodialerbschaft des Herzogs von Braunschweig, wir gönnen ihm noch lieber, wenn er vorläufig in der neuen Welt, unfern der von seinem Vater und ihm bewohnten Villa, oder im Volksgarten, im Prater und wo es sonst sei, lernt, wie leicht und schön es sich leben läßt in Wien, besonders wenn es am Gelde nicht fehlt.

V. Staatsdienerthum.

Laut Nachrichten aus Wien soll Georg V. in seinen hellen Augenblicken außer auf die specifisch welfische Vorsehung seine letzte Hoffnung in die Treue seiner Diener setzen, von denen er verlangt, daß sie Preußen den Huldigungseid verweigern.

Wenn aber das hannoversche Staatsdienerthum oder seit 1858 das königliche Dienerthum, ganz abgesehen, daß eine Eidesverweigerung Nonsens ist, sich unzuverlässiger zeigen sollte, als Georg erwartet, so trägt er selbst die meiste Schuld. Wer in sechszehn Jahren sechsmal seine Minister und damit die Spitzen der Behörden, General-Secretäre, Landdrosten ꝛc. wechselt, der kann sich nicht wundern, wenn er sich von schwankenden Personen umgeben sieht. Wenn Graf Borries glaubte, sich gefügsamere Creaturen dadurch zu schaffen, daß er das Staatsdienerthum von der Idee des Staates ablöste und an die Person des Herrschers knüpfte, wenn er glaubte, daß ein Kronanwalt gefügsamer sei als ein Staatsanwalt, und daß das Zurückschrauben des Staatsdienerthums auf ein königliches Dienerthum die Krone stärke, so mochte er den Schwachen und den Egoisten gegenüber Recht haben. Er gewann dadurch seine Phalanx in der Zweiten Kammer, aber das Staatsdienerthum verlor unendlich an Ansehen und Vertrauen bei dem Volke und an Zutrauen zu sich selbst und zu dem Staate. Es giebt ein ganz anderes sittliches Gefühl, einem großen Ganzen zu dienen, für das Wohl und Wehe von zwei Millionen zu sorgen, als einer einzelnen Person zu dienen. Je mehr Unterthänigkeit und Ehrfurcht aber der blinde König von seinen Dienern prätendirte, mit um so mehr innerlichem moralischen Widerwillen mußte jeder Mann von Geist sich bei diesem persönlichen Begegnen fühlen. In dem Könige wurde seit der Zeit, daß es Staatsdiener nicht mehr gab, als Alle seine Diener waren, natürlich der Gedanke bestärkt: der Staat bin ich. Wer dabei gegenwärtig gewesen, wenn Georg V. eine Stadt mit seinem Besuch beehrte, oder nur vorbei reiste und sich am Bahnhofe seine königlichen Diener, Magistrat= und Bürgervorsteher vorstellen ließ, der hat einen ungefähren Begriff von der Sache. Da wurde dem würdigsten Präsidenten eines Obergerichtes der Rücken zugekehrt, um einem jungen Assessor zu sagen, daß Majestät mit dem Benehmen seines Vaters bei der letzten Wahl sehr zufrieden sei — da wurde dem Bürgermeister gesagt: ich bin unzufrieden mit Ihnen und Ihrer Stadt, und einem Gevatter Handschuhmacher, der Bürgervorsteher war und für servile Wahlen gewühlt hatte: ich und mein Haus sind Ihnen dankbar, Andere sollten sich an Ihnen ein Beispiel nehmen, dann würde es besser stehen, dann würde ich mich auch bewogen finden, mehr für die Stadt zu thun u. dergl. m.

Dasselbe Lied pfiff schon der Kronprinz, ehe er noch confirmirt war, was bekanntlich reichlich spät geschah, um ihn vollkommen glaubensfest zu machen.

Persönlich nahe getreten sind dem Könige von seinen Dienern wenige, und die Treue und Anhänglichkeit, die er unter der höheren Dienerschaft fand, wurde mehr seiner Dynastie in alter Gewohnheit und Anerziehung, als seiner Person gebracht. Er fand wenig Liebe, aber vielen unterthänigen Byzantinismus, viel heuchlerische Biegsamkeit.

Ob der König Georg namentlich von seinen Ministern geliebt worden, muß ich bezweifeln; er hat sie wenigstens nicht danach behandelt. Charakteristisch ist die Scene, die im Spätsommer vorigen Jahres auf Norderney spielte. Dorthin war der eine oder andere Minister befohlen, dorthin Landdrost Bacmeister, und mit ihm stellten sich die wenigen Vertreter des ostfriesischen Adels ein, die Bedingungen verhandelnd, unter denen die Landschaft zu einer 50jährigen Annexionsfeier die Mittel bewilligen würde. Eisenbahnen und Chausseen wurden da angeboten und angenommen; man wollte sogar wissen, daß die Entfernung Bacmeister's pactirt sei.

Auch der Minister des Innern war nach Norderney beschieden; Georg ist eines Tages mit ihm zusammen, als angesagt wird, das Essen sei bereit. Da steht der König auf, und wie er die Thür schon geöffnet, um in den Speisesaal zu gehen, sagt er zu dem Minister: „Setzen Sie ein Protocoll auf, daß ich den Grafen v. Borries zum Präsidenten des Staatsrathes ernenne." — „Aber Majestät!" wagt Excellenz v. Hammerstein zu bemerken; allein der König thut nicht, als ob er das höre, schlägt die Thür vor der Nase des Ministers zu, und dieser muß seinem Gegner eine Ehrenstelle einräumen, die ihn in fortwährenden Conflict mit Graf Borries bringt und dem Lande zeigt, wie wenig Georg V. seine Minister achtet. Das war denn doch selbst einem Kautschuk-Minister zu viel; Graf Borries war, nachdem Georg im Bündnisse mit den Orthodoxen den Katechismusstreit ins Leben gerufen hatte und dieser den Herren über den Köpfen zusammenschlug, 1862 nach Goslar, wo der König an sich und seiner Familie durch den Schuster Lampe herumdoctern ließ, berufen. Die Einführung des neuen Katechismus war gegen, jedenfalls ohne den Willen des Grafen geschehen, der jetzt die Karre aus dem Drecke schieben sollte. Er zog es vor, von Soden, wo er zur Herstellung seiner Gesundheit weilte, sich zu entschuldigen. Wegen dieses Ungehorsams ward er in Ungnade entlassen.

Das Ministerium Windthorst hatte dem Könige mit Mühe den Entwurf des neuen Wahlgesetzes abgerungen als geringe Abschlagszahlung an die Forderungen der Liberalen, Graf Borries hatte in der Ersten Kammer das Gesetz als zu demokratisch und antimonarchisch angegriffen und dem Könige durch eine Denkschrift von der Publication abgerathen. So war es gekommen, daß der König sein Ministerium durch Nichtpublication des von beiden Kammern angenommenen Gesetzes erst blamirte, dann demselben durch Berufung des Grafen Borries zum Präsidenten des Staatsrathes den Stuhl vor die Thür setzte.

Die Wahl des neuen Ministeriums hat die gesammte Dienerschaft erbittert; Bacmeister hatte das Vertrauen jeder Partei verscherzt, er hatte weder in der Ersten noch in der Zweiten Kammer einen Anhänger. Der Cultus-Minister v. Hodenberg, ein junger, unerfahrener Mann, hatte kein Verdienst, als seine kirchliche Gesinnung. Seine Broschüre: „Hannovers Besetzung durch die Preußen", beweist eine an Bornirtheit grenzende Unkenntniß der Verhältnisse. So sagt er u. A.: „Die Ansicht, daß unser Land seiner Lage nach keine selbständige Politik gegen einen ernsthaften Angriff Preugens bewahren dürfe, ist widerlegt." Und dann: „Es ist jedenfalls gewiß, daß der deutsche Bund sich im Augenblicke der größten Gefahr und Prüfung bewährte." Den neuen Finanzminister gar hielt die gesammte königliche Dienerschaft für geradezu unfähig, diesen schwierigen Posten zu bekleiden; sein einziges Verdienst bestand darin, daß er Vetter des Herrn Wermuth und als solcher vom Gerichtsassessor zum Postrath und dann zum Finanzminister befördert war.

So hatte sich Georg in diesem Frühjahr und Sommer angewöhnt, nach englischer Weise früh Morgens, wenn Andere noch kaum ihr Wasser oder ihren Kaffee genossen hatten, ein warmes Fleischfrühstück mit Wein zu sich zu nehmen. Er ließ dann Minister und sonstige Diener nach Herrenhausen bescheiden und hielt sie dort im Gespräch oft 5 bis 7 Stunden fest, so daß sie vor Hunger und Durst der Ohnmacht nahe waren; war er doch gesättigt. — Doch wieder zur Sache.

Jeder der sechs Minister des Innern und der Justiz hatten sich ihre Beamten nun zu eigener Hand nach eigenem System zugezogen. Was bei solcher sechserlei Erziehung herauskommen kann, kam heraus — Gesinnungslosigkeit und äußerer Gehorsam. Graf Borries hatte die Beamten ganz nach seiner Pfeife tanzen lassen; eine Mehrzahl hatte sich nicht gescheut, als Kammer-Mitglieder das wieder umzustoßen, was unter früheren Ministerien auf eigene Anträge zum Gesetze geworden.

Der gänzliche Servilismus leider sehr vieler Amtsrichter hat sich aber nie stärker offenbart, als im Anfange vorigen Jahres. Es genügte dem Könige die officiöse Hannoversche Zeitung nicht; er ließ durch den Grafen Platen theils aus den Mitteln des sogenannten Einschußfonds, theils aus Mitteln der Staatskasse, der Bureaufonds der Behörden und Gerichte, denen es auferlegt wurde, die Nordsee-Zeitung zu halten, vielleicht auch aus Mitteln der Schatullkasse die Nordsee-

Zeitung gründen, hauptsächlich zu dem Zwecke, welfische Anschauungen, großdeutsche, österreichische und speciell welfische Politik zu vertreten, unter Leitung des Regierungsrathes Meding, des Archivrathes Onno Klopp und des Journalisten Laufköther. Trotz aller Mittel, die man anwandte, wollte das Publicum von der Zeitung nichts wissen; sie konnte keine Abonnenten, viel weniger Inserate gewinnen. Da gab die Eintragung der Handelsfirmen bei Einführung des deutschen Handelsgesetzbuches Gelegenheit, dies zu ermöglichen. Daß diese Eintragungen in die Hannoversche Zeitung, welche nur von dem Beamtenthum gelesen wurde, geschehen müßten, stand fest. Nun empfahlen aber die Kronanwaltschaften im Auftrage des Justiz-Ministers, der wieder im höheren Auftrage handelte, den Amtsrichtern zu der zweiten Insertion die Nordsee-Zeitung. Die Unzweckmäßigkeit dieser Empfehlung leuchtete Jedermann ein. Der Handels- und Gewerbestand verlangte in Berücksichtigung seiner Interessen, mindestens das zweite Blatt behufs Inserirung selbst empfehlen zu können. Die unabhängige Presse nahm sich der Sache an und — wurde verwarnt: zwei Drittel aller Amtsrichter haben die Nordsee-Zeitung zu den Inseraten gewählt, sie haben den Winken von oben gehorcht, obgleich sie die Unzweckmäßigkeit einsehen mußten.

Es gab in der jüngeren Dienerschaft zwar Anhänger des Bundesstaates, aber sehr sporadisch, vielleicht am Sitze des höchsten Gerichtes in Celle am zahlreichsten vertreten. Gegenwärtig findet man schon eine große Zahl Einheitsstaatler, die mit der Annerion wohl zufrieden sind. Die bei den höchsten Gehaltssätzen angekommenen Diener haben sich in das specifisch Hannoversche aber stark verbissen. Nicht allein diese, sondern der ganze alte hannoversche Beamtenstand fühlt sich nicht heimisch bei der Aussicht auf Annerion. Bis zum Jahre 1852 war dieser Beamtenstand, was Richter und Verwaltungsbeamte anbetraf, ein beinahe in sich abgeschlossener Stand, in welchen es auch dem talentvollsten Juristen schwer war, einzubringen. Eine Anzahl alter guter Familien des Bürgerstandes hatte nebst dem Adel alle Staatsdienerstellen gleichsam in Erbpacht. Die talentvolleren Leute aus diesen Erbpächtern der Staatsdienststellen brachten es zu Generalsecretären, Präsidenten der oberen Gerichte, Regierungs-Räthen, Ministerial-Referenten, ersten Verwaltungsbeamten u. s. w. Die jüngeren oder talentloseren Söhne wurden in den Cadettenanstalten, in der Armee als Lieutenants, im Steuerfache, bei der Post abgesetzt, aber allen war der Staat die Milchkuh. Wer das Staatshandbuch aufschlägt, der sieht einzelne Familien bataillonsweise aufmarschiren. Dazu kam in Hannover selbst die Aemterhäufung. Es ist nun freilich diese ungeschriebene, aber so fest als ein Gesetz stehende Dienstcarriere, in brutaler Weise, wie man damals sagte, durchlöchert, als man 1852 eine größere Anzahl Stadtrichter, Patrimonialrichter und Advocaten in den Staatsdienst aufnahm. Allein man hat sich gewöhnt, diese novi homines als seines Gleichen, als berechtigt, an den Milchbeuteln des Staats zu saugen, zu betrachten. Der Adel hat seine eigenen Wege, die bürgerlichen höheren Staatsdiener die ihrigen, „die Tradition des Dienstes" im Gange zu erhalten. Eine Hand wäscht die andere. Bei einem größeren Staatsorganismus fällt ein solcher Nepotismus, wie er ausgeübt wurde, hinweg, und darin liegt bei vielen königlichen Dienern der hauptsächlichste Grund ihrer Feindschaft gegen die Annexion. Das Gewissen, das sich bei den Verfassungsbrüchen von 1837 und 1855 leicht beruhigte, erwacht plötzlich. Eine Anzahl der „eingeborenen" oder „angestammten" Beamten glaubt, dem Könige von Preußen einen Huldigungseid nicht leisten zu können, wenn sie Georg V. ihres Eides nicht entbindet, obgleich sie wissen sollten, daß nach allen Lehren des Staats- und Völkerrechtes der Eid dem

Souverain, dem Herrn von Land und Leuten, wie von Soldaten dem Kriegsherrn geleistet wird.

Daß nun aber Georg V. Herr von Land und Leuten nicht ist, daß er weder Aussicht hat, durch den Kaiser von Oesterreich oder durch die verbündeten Süddeutschen in sein Reich wieder eingesetzt zu werden, daß die Hoffnung auf Frankreich, welche eifrige Welfen hegen, chimärisch ist, daß sich ganz Deutschland einer französischen Einmischung entgegensetzen würde, müssen selbst die blödesten Augen sehen. Die Schwägerschaft mit dem Großfürsten Constantin hat auch die erwarteten Früchte, den Congreß in Stuttgart oder Paris nicht getragen, Rußland giebt sich den Anschein, es habe sich auf sich selbst zurückgezogen, es will vorläufig im europäischen Concert nicht mehr mitspielen, wahrlich nicht um die Welfen mitspielen, es hat seine Blicke immer und immer auf Konstantinopel gerichtet. Der König Wilhelm I. kann den Schritt, den er den Ständen gegenüber gethan, nicht zurücknehmen; wenige Tage, und Herrenhaus wie Abgeordnetenhaus werden ihre Zustimmung zu der Einverleibung in Gemäßheit des §. 2 der Verfassung gegeben haben. Es kann aber zur Beruhigung ängstlicher Gemüther vielleicht zweckmäßig sein, wenn König Wilhelm I. mit der Besitzergreifung als Rechtsnachfolger Georgs V. die Hannoveraner ihres Georg geleisteten Huldigungseides entläßt.

VI. Universität, Geistlichkeit, Militär, Freimaurer.

Professoren sind bekanntlich ein eigenes Völkchen, die etwas vor Anderen voraus haben. Eigentlich müßten sie die Weltgeschichte, wenigstens den welfischen Theil davon, machen; denn ist die Georgia Augusta ein „Juwel in der Krone der Welfen", so sind sie die Sterne erster und zweiter Größe, die diesem Juwele Glanz verleihen. Die Georgia Augusta hat freilich schon einmal im Verlaufe von 365 Tagen, protectore oder, wie es heißt, auspiciis et indulgentia augustissimi potentissimi domini Friderici Wilhelmi Tertii, sodann Georgii III. und protectore Jeronimo rege Westphaliae, inscribiren, promoviren, relegiren, consiliren lassen, und der Redner der Beredsamkeit — damals wohl Mitscherlich — hat das Weihrauchfaß classischer Beredsamkeit vor allen dreien geschwungen; der Mund der Georgia Augusta, die Göttinger Gelehrten Anzeigen, haben Hieronymus gelobhudelt wie Friedrich Wilhelm III., man sollte daher glauben, es würde nicht so schwer werden, einmal den illustren Sieger von Königgrätz zum Protector zu haben.

Allein das geht nicht so leicht, Bismarck hat unseren **großen** Staatsrechtslehrer nicht gefragt; er, einer der Siebenzehn, einer von denen, die das Reichsgesetz fertig gemacht, hätte wohl gefragt werden können; ein Gutachten über den Einheitsstaat und die Mainlinie von Zachariä — es würde die Welt mit den Planen Bismarck's zufriedener sein. Centralmalchen*) geht im weißen Kleide mit der gelben Schärpe zum Kehr**) und der große Staatsrechtslehrer setzt Adressen um Belassung der Dynastie in Bewegung. Der **junge** Staatsrechtslehrer, nun, er wird ja guter Preuße geblieben sein, und wenn er die olbenburgischen Ansprüche auf Holstein vertheidigte, so war das eine Advocaten-Arbeit für gutes Honorar.

---

*) Die Kölner Zeitung hat ein Fragezeichen gemacht. Boshafte Ignoranz! Wer 1848/49 in Frankfurt getagt hat, wer nur einmal einer Soirée bei dem Reichsverweser, bei Hrn. v. Gagern oder Schmerling beiwohnte, kennt Centralmalchen. Wer von 1850 bis 66 in Göttingen studirte, kennte sie nicht?

**) Kehr ist Inhaber einer Oeconomie und Gastwirthschaft auf dem Hainberge, und Centralmalchen hat sich dort eine Kegelbahn zu einem Pavillon ausgebaut, in der sie ihre Getreuen empfängt.

In der Zeit von Ostern bis Pfingsten gab es drei Lager auf der Universität: in dem einen größeren hausten diejenigen, welche, unter dem Vorwande, nur der Wissenschaft zu leben, sich von aller Politik fern hielten, mit Dankbarkeitsgefühl für die Welfen, welche sie zu Hofräthen oder sonstigen Räthen gemacht. In dem zweiten lagerten die Augustenburger und Welfen; es hatte sich gerade von Göttingen aus eine starke Agitation für das Legitimitäts=Princip der Augustenburger erhoben. Es war das sehr bequem — legitim und volks= thümlich zugleich. Einige hatten für Geld, Andere aus Ueber= zeugung für das Recht der Augustenburger geschrieben und geredet. Zachariä, Waitz, Sartorius von Waltershausen, Sauppe, Heermann u. s. w. hatten sich vernehmen lassen. War man nicht gerade österreichisch gesinnt, so doch entschieden anti= bismarckisch. Nur Wenige wagten, den Gedanken des Bun= desstaats unter Preußens Leitung zu vertreten, obgleich die Studentenwelt dahin neigte und selbst den Einheitsstaat und die Mainlinie schon vor dem 15. Juni erörterte.

„Es bereitet sich eine Umwandlung vor, schreibt mir ein Freund. Auf dem literarischen Museum wachsen mit jedem Tage die Anhänger des Einheitsstaates mehr. Wäre auch Oberhessen annectirt, was nicht der Fall zu sein scheint, und hätte man die kleinen Universitäten Marburg und Gießen mit Göttingen vereinigt, so wäre dies das beste Pflaster auf die Wunde gewesen, die der Universität durch Trennung von dem Welfenhause geschlagen wird. Eine Trennung vom Kloster= fonds wäre auch schon schlimm genug gewesen. Nun, man wird sich in Göttingen, man wird sich in anderen Orten der Nothwendigkeit zu fügen wissen, und die Lehre vom Gehorsam gegen die Obrigkeit, die Gott gegeben, wird die Oberhand be= halten."

Unsere orthodoxe Geistlichkeit will zwar den Versuch machen, den christlichen König Georg zu bewegen, seine bis=

herigen Staats- und Kirchendiener des Huldigungseides zu entbinden, allein die Deputation wird voraussichtlich unverrichteter Sache aus Wien zurückkommen. Georg will sich noch nicht für bebellirt erklären; er will nicht einsehen, daß die von ihm unterzeichnete Capitulation von Langensalza ihn des Kriegsherrenthums wie der Krone beraubt hat.

Unsere Geistlichkeit wird die Frömmigkeit Georgs V. sehr vermissen. Er war ein Musterkönig, „er kann predigen wie der erste Superintendent", sagte mir ein Pastor, als er aus einer Freimaurerversammlung kam; mit Georg hatte die Geistlichkeit den saubern Plan verabredet, das religiöse Bewußtsein um 300 Jahre zurückzuschrauben; hätte das Volk nicht aufgepaßt, so hätte es ihr theilweise gelingen können.

Zum Glücke steht dem Oberconsistorium ein Mann vor, dessen wahre Frömmigkeit allgemein anerkannt, der aber zugleich Jurist ist und der die ihm untergeordneten Geistlichen darüber belehren wird, daß das gemeine Völkerrecht mit der christlichen Lehre: „Jedermann sei unterthan der Obrigkeit, die Gewalt über ihn hat; denn wo Obrigkeit ist, die ist von Gott angeordnet", übereinstimmt.

Hr. Lichtenberg soll der Verfasser der Adresse sein, welche drei Ablige jüngst nach Berlin gebracht haben. Seit Georg III., der seinen Großvater nach Göttingen berief, steht die Familie Lichtenberg in mehr oder minder nahen Beziehungen zu den Welfenkönigen und man wird die Treue, welche Hr. Lichtenberg dem Welfenthume, das ihn selbst verschiedentlich verletzt hat, bezeugt, ehren müssen. Glücklich ist die Conception nicht, sie bezeugt nur die in dem Adel und den höheren Staatsdiener-Classen herrschende Gesinnung, welche nicht ohne Eigennutz ist, da diese Classen seit Jahrhunderten alle Vortheile des Patrimonialfürstenstaats wie der concentrirteren Staatseinheit genossen.

Hr. Oberconsistorialrath Lichtenberg hat sich durch die

abschlägliche Antwort König Wilhelms überzeugt, daß das Schicksal, welches die Welfen von Hannover trennt, nicht mehr abzuwenden ist; er, der auch die Göttinger Adresse als früherer Cultusminister in Anregung gebracht, hat Alles gethan, was er seinen Kräften nach thun konnte, das Schicksal von den Welfen abzuwenden. Jetzt bleibt auch ihm nichts anders über, als sich zu unterwerfen.

Unser Militär hatte vor Langensalza eine sehr große Meinung von sich; wie Georg V. Ranne die Erlaubniß nicht geben wollte, nach Schleswig-Holstein zu reisen, um dem Sturme der Düppler Schanzen beizuwohnen, „weil ein hannoverscher Officier von den Preußen nichts lernen könne," so glaubte der Lieutenant und Unterofficier, der Nichts gesehen hatte als Paraden in Hannover, höchstens ein Feldmanöver, und alle 6 oder 10 Jahre ein Manöver des 10. Armeecorps, an seine eigene Unübertrefflichkeit.

Unsere Cavallerie hielt sich für die beste Truppe der Welt, und was die Pferde anbetraf, so waren sie vorzüglich, und da jeder Cavallerist immer dasselbe Pferd ritt, war Pferd und Mann mit einander vertraut. Unsere Cavallerieofficiere excellirten auf den Wettrennen in Celle und Harburg, auf den Parforcejagden bei Walsrode, sie machten unter sich halsbrecherische Wetten, sahen auf die Infanteristen mit stolzer Verachtung herab und beherrschten Land und Leute da, wo sie ihr Naturalquartier hatten. In Gold- und Silberschmuck, mit Troddeln und Quasten, glänzend wie Puppen, eroberten sie Mädchenherzen im Spiel, und wenn ein Gardehusar einen preußischen Landwehrhusaren sah, so zuckte er mitleidig mit den Achseln.

Nun ja, unsere Cavallerie hat sich bei Langensalza brav geschlagen, das Zersprengen von preußischen Quarrés soll bei ungünstigem Terrain und dem Mangel an gehöriger Verpflegung der Pferde und Menschen ein seltenes Stück gewesen sein, das wenig Schwadronen nachmachen werden.

Unsere Truppen lebten von dem Ruhm ihrer Väter, sie sangen gern von Spaniens Gau'n und Belgiens Schlachtgefilde, und die Thaten der deutschen Legion in Portugal und Spanien leben in Mythen, wie sie aus dem Munde des großen Erzählers, General Ahrenschild flossen, im Volke fort.

Ich will aufrichtig gestehen, daß ich über die Tüchtigkeit unserer Truppe nicht urtheilen will, aber daß der dahin geopferte Nanne in allen Hauptsachen Recht gehabt habe, das haben mir Militärs aus allen Waffengattungen zugestanden. Die Militärverwaltung war durch und durch faul. Der Generaladjutant Sr. Majestät vergißt den Sabul bei Auszug der Truppen zur Concentration in Göttingen, der Kriegsminister mit das große Gehalt und der Feldlandmarschalls-Gage hat kein Pferd. Die Artillerie ist unbespannt, Marstalls- und Bauernpferde müssen die Kanonen ziehen in einem so reichen Pferdelande wie Hannover.

Hier unendlich reiche Vorräthe, Tuche und wollene Decken in der Militärbekleidungscommission aufgehäuft für eine lange Reihe von Jahren, zum Theil schon von Motten zerfressen, dort die größte Sparsamkeit und Geiz. Den neu eingestellten Rekruten wurden alte Lappen gegeben, statt des neuen Zeuges, welches das Land bezahlte, man erspart so aller 7 Jahre eine ganze Uniform für den Mann. Für allerlei unnütze Experimente mit Helmen, Käppis, mit gelben Pferden und weißem Silberstreif u. s. w. wird das Geld vergeudet und dann sollen die geringen Brod- und Fleischvergütungen, welche die Stände bewilligt haben, Schuld tragen, wenn das Geld nicht ausreicht. Wer die Flucht aus Hannover am Freitage den 15. Juni angesehen hat, angesehen hat, wie am 16. das Volk die Zeughäuser ausräumte, um der Armee Kanonen, Munition ꝛc. nachzusenden, wer den Zustand der Truppe bei Göttingen gesehen hat, der muß in der That die Tapferkeit der Einzelnen bei Langensalza in hohem Grade bewundern, aber gestehen, daß das Ganze nicht viel werth war.

Aber wie konnte es anders sein? Seit Belisar hat es keinen blinden Kriegsherrn gegeben und Belisar war mehr als ein Wortheld, wie es Georg V. ist.

Die Hannoveraner werden der preußischen Armee nie Schande machen. Schon jetzt haben sich eine große Menge Officiere und Unterofficiere zum Eintritt in den preußischen Dienst freiwillig gemeldet, die Masse wird nachfolgen, wenn auch einige reiche Cavallerieofficiere österreichische Dienste vorziehen werden.

Georg V. hat sich im Jahre 1857 in den Freimaurerbund aufnehmen lassen und in einer Stunde alle drei oder wie viel Grade man sonst haben mag, erlangt, ist zum Großmeister der Großloge und zum Protector aller Landeslogen erkoren. Ich weiß nicht, wie das wird, da ich in die Geheimnisse des Ordens nicht eingeweiht bin und nur das Allgemeine weiß, was Jeder weiß, daß die Bundesglieder sich Brüder nennen und höhere Humanität auf Erden verbreiten wollen.

Hat der Protector aller preußischen Logen, König Wilhelm, den Bruder Georg auch vom Großmeisterstuhle in Hannover debellirt? Wird die Großloge zu Hannover der Großloge zu Berlin annectirt werden? Werden die Landeslogen den Großmeister und sein Haus wie bisher betoasten?

Georg V. verfolgte bei seinem Eintritt in die Maurerei, wie Hie Welf! erzählt, hauptsächlich politische Zwecke, er wollte die zahlreichen Freimaurer bei der Wahl von 1857 gewinnen.

Späterhin soll man auch von Seiten einzelner Freimaurer die Schwäche des Königs häufig zu eigennützigen Zwecken mißbraucht haben.

Man nannte die Logen in Hannover seitdem königlich hannoversche Logen und die Freimaurerei eine königliche.

VII. Adel.

Der hannoversche Adel kann es noch immer nicht vergessen, daß er 123 Jahre in Hannover regiert und eben so lange der Gans, Kurfürstenthum, resp. Königthum genannt, die Fettfedern ausgezogen hat.

Der hannoversche Adel ist nur mäßig begütert; es werden nicht zehn ablige Familien im Lande sein, die aus ihrem Grundbesitze 12,000 Thlr. oder mehr jährliches Reineinkommen beziehen — zahlten doch nur fünf mehr als 1000 Thlr. Grundsteuer; mit einem Einkommen von 8000—12,000 Thlrn. zähle ich etwa 10—15 Ritter, mit einem Einkommen bis 5000 Thlr. etwa 90, mit einem Einkommen von 2000 Thlrn. etwa 200. Dagegen haben 223 Ritter ein Einkommen von 1000 Thlrn., 250 bringen es auf 500 bis 600 Thlr., 150 haben weniger als 500 Thlr., die Mehrzahl von ihnen sogar weniger als 300 Thlr.

Aber dieser Adel war seit der Zeit des ersten Kurfürsten an Luxus und Verschwendung gewöhnt, war steuerfrei, frei von Gemeindelasten und Abgaben (exemt), frei von Naturalbequartierung und im Besitze der einträglichsten Hof- und Staatsämter, der ganzen Macht, welche Georg I. seinen vier Regierungscollegien hinterließ — er behielt sich nur die militaria vor. Es ist ganz unglaublich, wie viel Hof- und Staatsstellen mit den reichsten Einkünften dem Adel zufielen; man muß einen Staatskalender aus den Anfängen des vorigen Jahrhunderts bis gegen das Ende in die Hand nehmen, um zu sehen, daß Hannover für den Adel das Land war, wo Milch und Honig fleußt.

Da waren allein sechs Excellenzen im Geheimraths-Collegium, dann ein außerordentlicher Gesandter und daneben ein bevollmächtigter Minister am Hofe zu Wien, desgleichen zu Berlin, ein Gesandter zu Regensburg auf dem Reichstage, am kurmainzischen und kurkölnischen Hofe, am Kur- und Oberrheinkreise, am kursächsischen Hofe, am kurpfälzisch-baierischen Hofe, bei den Generalstaaten im Haag, am Hofe zu Anspach, am schwäbischen Kreistage und am württembergischen Hofe, am kaiserlich russischen Hofe und am niedersächsischen Kreise.

Dann waren sämmtliche Hofämter voll besetzt: ein Oberhofmarschall, ein Schloßhauptmann, Oberschenk, Hofjunker bis zu den Pagen hinab, ein Oberkämmerer, acht Kämmerer und zahlreiche Kammerjunker, Oberstallmeister, Stallmeister, Stalljunker, neun Oberforst- und Jägermeister mit entsprechenden Jagdjunkern, dazu kamen Erbhofämter: Erbmarschallamt, Erbküferamt, Erbpötkeramt (von Spörken), Erbschenkamt. Dann kam das Militär vom Feldmarschall bis zum adeligen Fähnrich.

Damit war es aber noch nicht vorbei. Es kam noch die Drosten-Carrière mit den einträglichen Domanialpachtungen in partem salarii.

Ja es war für Ritter und Junker derzeit ein prächtiges Leben; war Georg I. oder II. zum Besuch in Hannover, so ging es hoch her in Herrenhausen; in Saus und Braus aber erst in der Göhrde beim Becherklang und Würfelspiel mit Goldpfennien! War Georg in England, nun dann war er weit, die Augen der Welfen waren nie scharf, und in Hannover drückten sich die Augen gegenseitig zu und eine Hand wusch die andere. Jeden Sonntag versammelte sich der hoffähige Adel im Schlosse, das Bild des Königs-Kurfürsten war im Thronstuhl aufgestellt, da ging man vorbei und verneigte sich tief. Nun klopfte der Hofmarschall mit seinem Stocke, als sei der Kurfürst erschienen, die Thüren des Speisesaals öffneten sich und man speiste herrlich und in Freuden, Hr. von Malortie wird wissen, was und worauf servirt wurde. Kamen fremde Gäste, so wurden solche Hoffeste auch außerhalb des

Sonntags gehalten. Ich glaube, Horace Walpole irrt sich, wenn er erzählt, daß aus Hannover jährlich 500,000 Pfund Sterling in die Taschen der beiden ersten George geflossen seien; es blieb von den reichen Einkünften der Domainen ꝛc. wenig über, der Adel verpraßte das. Die Familien, aus denen Frauen und Töchter als Maitressen dienten, kosteten viel Geld und wurden nebst den Bastarden bevorzugt.

Die gutdotirten Stellen bei dem Adel, den Nichtsthuenden, die Arbeit bei der bürgerlichen Dienerschaft vom wirklichen Geheimen Justiz- und Hofrath bis zum Registrator und Amtsschreiber! das war der patriarchalische Staat. Das französisch-westphälische Regiment fegte diesen Unfug wie Spreu hinweg, es machte den leibeigenen und meierpflichtigen Bauer frei, brachte Einheit und System in das Steuerwesen, vortreffliche Proceßgesetzgebung, den Code Napoleon für das Civilrecht, geordnete Hypothekenbücher. Kaum hatte aber das alte Ministerium und die Kammer sich wieder in Hannover festgesetzt, mit dem Generalgouverneur Herzog von Cambridge, als man anfing, die alten Mißbräuche wieder herzustellen, Steuerbefreiung des Adels, Patrimonialgerichte, Wiederherstellung der Cremtionen, Pachtwesen der Beamten, Vernichtung der Ablösung von Meiergefällen, Censur nach dem Edict von 1707. Auch in den vertragsmäßig von Preußen an Westphalen abgetretenen Provinzen Hildesheim, Ostfriesland ꝛc. wurden Privatgeschäfte (Domanialkäufe) wie Acte der Gesetzgebung, die durchaus gültig waren, annullirt, das alles des Princips der Legitimität wegen, des Princips wegen, welches die Acte der westphälisch-französischen Zwischenregierung, mochten sie auf Occupation und Usurpation oder vertragsmäßiger Besitzergreifung bestehen, nicht anerkennen wollte.

Man ist nach 1848 erst zu dem zurückgekehrt, was man 1815 vernichtete. Man restaurirte, da man zu gedankenleer war, einen Neubau zu schaffen oder das Bestehende zu verbessern. Selbst der einzige Mann mit großartigeren Anschauungen, Graf Münster, und der Schüler Justus Möser's, Rehberg, wußten nichts Besseres, als auf der Grundlage der alten Landschaften eine provisorische Ständeversammlung zusammen zu berufen, um sie in nützliche Thätigkeit zu setzen.

Graf Münster hatte auf dem großen Länder- und Völkermarkte des Wiener Congresses außer verschiedenen Fetzen Landes auch einige Fettbissen, wie Ostfriesland, Hildesheim, Goslar, Lingen, Meppen, nebst einer Königskrone heimgebracht. Aber für die Krone fehlte der Kopf, Georg III. war noch immer wahnsinnig und der Prinz-Regent — der hatte an andere Dinge zu denken, der mußte den Kaisern und Königen, Fürsten und Herren, die nach dem zweiten Pariser Frieden nach England kamen, beweisen, daß er seinen Hals in die untadelhafteste Cravatte zu hüllen verstehe, und mußte einen hannoverschen Abligen hinter seiner Gemahlin her nach Italien senden, um in jedem Nachtquartier über die Vorkommnisse zu spioniren, denselben, der 1834 an der geheimen Ministerverschwörung gegen die Stände in Wien theilnahm.

Münster regierte Hannover von England aus, in Hannover machten Graf Bremer mit seiner rechten Hand Rehberg die Geschichte. Es war ihnen durch eine Ueberraschung gelungen, die vielen verschiedenen Fürstenthümer, Herzogthümer, Grafschaften, Herrlichkeiten und Absplissen, besser zusammenzukitten, als die Königskrone es vermocht, die Schulden wurden in einen Topf geworfen. Da wurde zwar manche Landschaft verletzt, es klagte Osnabrück, es klagte Hoya, allein die nothwendige Folge war, daß nun auch, um die Zinsen zahlen zu können und sonstige gesteigerte Ausgaben, die nothwendige Einheit des Steuersystems geschaffen werden mußte. Man errichtete eine Grundsteuer und entschädigte den Adel seiner bisherigen Steuerfreiheit wegen.

Aber als der Adel merkte, daß man von Seiten der Regierung Lust bezeuge, seine Exemtionen von Gemeinde- und Staatslasten zu schmälern, da trat der am Hofe Jerome's wohlgelittene Freiherr von Schele als Macher auf, vereinigte um sich 26 Stimmen, welche die Privilegien des Adels aufrecht zu erhalten und Rehberg, den sie als Feind des Adels ansahen, zu stürzen versuchten. Das geschah durch eine Intrigue, indem man demselben Unrechtfertigkeiten in Beziehung auf die französische Liquidation vorwarf, und ihm die Papiere, die ihn rechtfertigten, vorenthielt. Graf Bremer bewies sich gegen den, der ihn zum Schatzrath und Kriegsrath gemacht, der seit einer Reihe von Jahren für ihn gedacht und gearbeitet, undankbar. Graf Münster restaurirte die alten Provinziallandschaften und legte damit den Grund zu einem 48jährigen Kampfe zwischen der allgemeinen Ständeversammlung und den von dem Adel dominirten Provinziallandschaften, der zur Zeit noch nicht ausgekämpft ist.

Eine Verfassungsurkunde hielt man für unnöthig, das Patent vom 7. Dec. 1819 war ein Skelett zu einer solchen, es riß die provisorische Ständeversammlung auseinander in eine Adelskammer und eine zweite Kammer, welche sich von 1820 bis 1848, und von 1855 bis heute feindlich entgegengestanden und nur in sehr seltenen Fällen gemeinsam zum Wohle des Ganzen gearbeitet haben. Der Adel isolirte sich seit dieser Zeit von dem übrigen Volke und suchte in den Provinzialständen wie in der ersten Kammer nur s e i n e Interessen zu fördern.

Acht und zwanzig Jahre haben die beiden Kammern mit einander gekämpft, ehe der Satz des 4. Art. der preußischen Verfassung: „Alle Preußen sind vor dem Gesetze gleich. Standesvorrechte finden nicht statt. Die öffentlichen Aemter sind, unter Einhaltung der von den Gesetzen festgestellten Bedingungen, für alle dazu Befähigten gleich zugänglich" — in dem

Gesetze vom 5. Sept. 1848 in der beschränkteren Fassung des §. 7 zu Papier gebracht wurde: „alle Vorzüge der Geburt, unbeschadet der Privatrechte, werden aufgehoben", ohne je Wahrheit zu werden. Es hat vielmehr dieser Satz nur dazu gedient, den Einfluß des Adels zu vermehren.

Die aus der ersten Kammer im Jahre 1848 verdrängten Ritter wußten durch Frondiren in den Provinziallandschaften, durch ihren Einfluß am Hofe und der Generaladjutantur, durch Hülfe der märkischen und pommerschen Junker, der auswärtigen Gesandten u. s. w. die Verfassung zu stürzen. Der Bundestag — der kläglich entschlafene, und Georg der Flüchtige, halfen ihnen dabei redlich.

Seit 1855 hatten wir wieder eine Adelskammer, trotz des §. 7 des Verfassungsgesetzes. Wir sind von der Bauernkammer von 1848 nie sehr erbaut gewesen; Stüve hatte seinen Bauern zu viel zugetraut, aber wenn wir die Leistungen der Adelskammer seit 1855 ins Auge fassen, so sind dieselben noch viel trauriger als jene von 1849—55. Im Jahre 1856, als die Vorlage eines neuen Finanzcapitels offen legte, daß der Zweck des Verfassungsbruches königlicher Seite kein anderer gewesen, als sein Einkommen, das reichste unter den gleichgestellten Königen, um 300,000 Thlr. bis 400,000 Thlr. zu vermehren, war es nur ein Ritter, der dem in der Commission entgegentrat.

Die zweite Kammer allein war es, die den Gesetzentwurf zurückwies, in ihr freilich auch einige Ritter, wie der Exminister v. Münchhausen, Graf Bennigsen.

Die Adelskammer ging selbst so weit, die ungesetzlich erlassenen Nothgesetze zu vertheidigen.

Dann 1857, als Georg V. ein neues Finanzcapitel, mit dem er keine zwei Jahre hätte marschiren können, octroyirt hatte, half die erste Kammer die Brücke schlagen, auf der man zu der Vereinbarung über ein Finanzcapitel kam, mit Domanialausscheidung und einer Uebervortheilung des Landes bei derselben von über 220,000 Thlr. jährlich; man opferte die letzten Reste des ständischen Bewilligungsrechts.

Von 1857—62 zeigte die Adelskammer dem Grafen Borries eine Dank- und Dienstbarkeit, die sie auf immer in den Augen aller Denkenden zu Grunde richtete, sie half bereitwilligst an der Reaction, während sie schon aus dem Grunde hätte Opposition machen sollen, weil die Majorität zweiter Kammer den Winken des Grafen Borries gehorsamst folgte.

Als der Aufschwung in Preußen erleichternd auf Hannover wirkte, als Borries entfernt war, als die höchste Zeit gekommen war, daß die erste Kammer Hand an ihre eigene Reorganisation legte, als sie hiezu die günstigsten Bedingungen bekommen konnte, da die Führung zweiter Kammer in der Hand eines Standesgenossen war, der die aristokratischen Elemente zu würdigen wußte, als selbst Miquel Anerbietungen machte, die über die Gränze dessen hinausgingen, was die Bauern zu concediren geneigt waren, — da war die erste Kammer mit Blindheit geschlagen.

Hätten wir 1866 eine erste Kammer gehabt, wie sie aus einer 1864 vorgenommenen Reorganisation hervorgegangen, mit bürgerlichen Elementen des großen Grundbesitzes, des Handels und der Gewerbe, der größeren Städte und der Universität, das Ministerium Platen und Hr. v. Mebing hätten nicht jene unheilvolle Politik, die das Welfenreich zum schnellen Ende führte, betreiben können.

Und nun am 4. Juni d. J. welche Verblendung! Jedes Kind mußte, daß von Bielefeld bis Minden jedes Dorf mit preußischen Soldaten gespickt war; preußische Officiere sprachen in Minden ganz offen von der bevorstehenden Occupation Hannovers; — und die Ritter bonnerten in der Kammer, man werde den Friedensbrecher zu finden wissen.

Der Adel, diese Stütze des Throns, und die Ritterschaf=

ten, diese Elite des Adels, sie haben vorzüglich dazu beigetragen, den Welfenthron zu stürzen; die Adresse des Grafen Münster, die Adressen der Hoyaischen Landräthe an den König nach Wien, sie liefern den schlagendsten Beweis. Diese Adressen sagen beinahe wörtlich dasjenige, was R. v. Bennigsen und die Majorität zweiter Kammer 4 Wochen früher gesagt hatte. Zu spät!

Hannoveraner, wenn wir mit der agnatischen Welfen-Dynastie, die ja nur auf zwei Augen stand, auch zugleich den Einfluß der Ritter und Junker, welche sich einbilden, sie seien speciell zur Mitregierung der welfischen Lande berufen, verlieren, ohne dafür unter Säbelregiment oder die Fuchtel der märkisch-pommerschen Junker zu kommen, so ist das ein Gewinn von ganz ungemeiner Größe. Der einzelne adelige Grundbesitzer soll uns als solcher immer willkommen sein, in der Gemeinde, in der Amtsversammlung, im Abgeordnetenhause wie im Herrenhause, aber die ritterschaftliche Corporation als politischer Körper, als erste Curie in den Provinzial-Landschaften, den unnützesten aller unnützen Dinge, und als Deputirte der Ritterschaften in erster Kammer — fort mit Schaden, fort mit Schaden!

Um aber nicht unter Säbel- und Junkerherrschaft zu kommen, da müssen wir uns mit unseren Nachbarn, den Hessen, mit den Nassauern u. s. w. innig an die größere Staatsgemeinheit, die uns als die ihrige aufnimmt, anschließen und in sie ein neues Element bringen; wir müssen das deutsche Element, das wir in dem Abgeordnetenhause finden, verstärken. Es werden unserer wohl nur 63 Abgeordnete der Neupreußen sein, aber es wird uns nicht an Gesinnungsgenossen fehlen. Bewahren wir unsere Eigenthümlichkeit als Hannoveraner, Hessen, Nassauer, Frankfurter, wo sie berechtigt vorhanden ist, schließen wir uns aber von Herzen unseren preußischen Brüdern an, im Gedanken an ein einiges, mächtiges Deutschland, unsere Zukunft, die uns Niemand raubt!

VIII. Der letzte Versuch der hannoverschen Ritter.

Seitdem ich den vorigen Brief geschrieben, ist eine Deputation dreier Ritter, der Präsident erster Kammer O. A. G.-Vicepräsident Geheimer Rath von Schlepegrell aus Celle, Hr. Schatzrath von Rössing und der Erminister von Münchhausen in Berlin bei dem Könige Wilhelm I. zu einer Audienz vorgelassen, über welche die Herren selbst Nachstehendes berichten:

I. Die Eingabe an Sc. Maj. den König.

Allerdurchlauchtigster 2c.

Ew. k. Maj. wollen uns allergnädigst gestatten, unsere, das Schicksal des Königreichs Hannover, unseres engern Vaterlandes, betreffenden Wünsche an den Stufen Allerhöchst Ihres Thrones niederzulegen.

Zwar sind in diesen Tagen bereits zahlreiche, mit mehr als 64,000 Unterschriften bedeckte Adressen an Ew. Maj. abgegangen, in welchen Allerhöchstdero Weisheit und Gerechtigkeitsliebe für den Fortbestand unseres Königreichs unter seinem angestammten Fürstenhause angerufen werden. Auch würde es ein Leichtes gewesen sein, die Zahl jener Unterschriften binnen Kurzem noch vielfach zu steigern, wenn nicht Ew. Maj. Civilcommissar gegen Verbreitung der, lediglich die fast einstimmigen Wünsche des Landes in bescheidenster Form vortragenden Adressen mit den strengsten polizeilichen Maßregeln eingeschritten wäre. Aber das ist es nicht, worüber wir jetzt Klage führen; wissen wir doch ohnehin, wie sehr ein derartiges Verfahren dem geraden, edeln Sinne Ew. Maj. zuwider läuft. Es ist vielmehr jetzt der bange Zweifel laut geworden, ob jene Adressen überhaupt wirklich zu den Händen Ew. Maj. gelangt sind. Wenigstens sind die Unterzeichner derselben bis jetzt ohne jede Erwiederung geblieben, während die Zeitungen tagtäglich von den gnädigen Antworten berichten, die Ew. Maj. auf Bittschriften entgegengesetzten Sinnes, deren Unterzeichner weder ihrer Zahl noch ihrer persönlichen Bedeutung nach als Stimmführer des hannoverschen Volkes betrachtet werden dürfen, zu ertheilen geruht haben.

In diesem Umstande nun glauben wir eine genügende Rechtfertigung zu finden, wenn wir noch einmal in aller Ehrfurcht den Versuch wagen, für den Ausdruck der in der unendlichen Mehrheit unserer Mitbürger herrschenden Stimmung ein gnädiges Gehör uns zu erbitten.

Ew. Maj. dürfen überzeugt sein, daß unter diesen — welches auch früher ihre Stellung zur sog. deutschen Frage gewesen sein mag — nach den siegreichen Erfolgen der preußischen Waffen kein Zweifel mehr darüber herrscht, daß Preußen und nur Preußen zur Vormacht in dem neu zu errichtenden Bunde berufen, und daß ihm als solcher bereitwilligst und rückhaltlos in reichem Maße die Befugnisse einzuräumen seien, die es zu wirksamer Durchführung dieses seines welthistorischen Berufes für erforderlich erachten mag. Daß es aber dazu auch des Opfers der Existenz unseres, selbst in solcher Beschränkung seiner Souveränetät noch lebenskräftigen Staates bedürfte, will der Bevölkerung des letztern nicht einleuchten, und auch den oft gehörten Einwand fürchtet sie nicht, daß eine also beschränkte Krone Hannover für die Krone Preußen ein unzuverlässiger Nachbar sei. Würden doch die jedenfalls auf diese übergehenden militärhoheitlichen Befugnisse genügen, jede etwa drohende Gefahr zu beseitigen, wenn nicht, nachdem die deutsche Frage gelöst, schon durch die geographische Lage beider Länder, durch die Aehnlichkeit ihres Volkscharakters, durch die Gleichartigkeit ihrer wirthschaftlichen Interessen eine völlig ausreichende Garantie für die Bundestreue des schwächeren Nachbars gegeben wäre. Sollte übrigens gleichwohl in der Person des gegenwärtigen Trägers der hannoverschen Krone keine genügende Gewähr für eine zuverlässige Bundesgenossenschaft gefunden werden, so hat sich derselbe, wie das Ew. Maj. Regierung nicht unbekannt geblieben ist, schon bereit erklärt, zu Gunsten seines Thronfolgers der Krone zu entsagen.

Nach unserm ehrfurchtsvollsten Dafürhalten scheint demnach die politische Frage sich einfach so zu stellen, ob es für die Krone Preußen ersprießlicher, etwa zwei Millionen treuer, abhängiger Bundesgenossen, oder fast ebenso viele widerwillig unterjochte Unterthanen zu gewinnen, unter denen die dem Königthum aufrichtig Ergebenen sich unmuthig von den öffentlichen Dingen zurückziehen werden, während in den Uebrigen die der Krone feindlichen Elemente Ew. königl. Maj. eigenen Landes eine willkommene Verstärkung finden.

Doch es ist nicht vorzugsweise die politische Weisheit Ew. Maj., es ist vor allem Allerhöchstihr Gerechtigkeit liebendes und zur Milde geneigtes Herz, das wir in unerschütterlichem Vertrauen noch in der letzten Stunde anzurufen uns gedrungen fühlen.

Ihm kann es nicht gefallen, einen Fürsten zu entthronen, der — durch seine Dynastie mit dem Lande seit fast einem Jahrtausende verbunden — seine Krone ebenfalls von Gottes Gnaden trägt; ihn zu entthronen, lediglich weil er einer andern, als der von Ew. Maj. Räthen gut geheißenen Auffassung des bis dahin gültigen Bundesrechtes huldigend, sich rechtlich verhindert erachtete, Ew. Maj. deutscher Politik ohne Weiteres zu folgen, und so in unglücklicher Verkettung der Umstände endlich genöthigt ward, seine Armee wider Ew. Maj. Truppen kämpfen zu lassen, denen sie bis dahin niemals feindlich gegenüber, wohl aber mehrmals in freudiger Waffenbrüderschaft siegreich zur Seite stand.

Ew. Majestät! Das Geschick dieses Allerhöchstihrem Hause nahe verwandten Fürsten ist nach Gottes unerforsch-

lichem Rathschluß in Allerhöchstihre Hand gelegt! Eben demselben gelobte einstmals an der Bahre des Königs Ernst August Ew. Majestät höchstseliger königlicher Bruder, ihm eine treue Stütze sein zu wollen. Mögen Ew. Majestät dieses Wort Allerhöchstihres Vorgängers einlösen, und die unwiderrufliche Eroberung vieler Tausende von dankbaren treuen Herzen wird Ew. Maj. mit einem unverwelklicheren Lorbeer zieren, als ihn die Unterjochung eines schwachen Feindes je zu bieten vermag!
Die wir in tiefster Ehrfurcht ersterben
Ew. königlichen Majestät
alleruntertänigst ꝛc.

II. Die Antwort Sr. Maj. des Königs.

Ich sehe Sie gern hier, meine Herren, denn Ich kann es nur achten und anerkennen, wenn deutsche Männer mit Treue festhalten an der Dynastie, deren Verbindung mit ihnen Jahrhunderte lang bestanden und die Früchte der gegenseitigen Anhänglichkeit und Hingebung gereift hat. Ich würde die Hannoveraner minder schätzen, wenn sie keinen Schritt bei Mir gethan hätten, welcher das innige Festhalten an ihrem angestammten, Mir nahe verwandten Regentenhause bethätigte. Dadurch sehe Ich Mich veranlaßt, Ihnen ausführlich die Gründe darzulegen, welche wahrlich gegen Meine ursprüngliche Absicht und nach wiederholten schweren Kämpfen mit Meinem Wunsche: die Selbstständigkeit Meiner früheren Genossen im deutschen Bunde fortbestehen zu lassen, zu dem jetzt bereits in der Ausführung begriffenen und somit unwiderruflichen Beschlusse genöthigt haben, Annexion vorzunehmen.

Bereits bei dem Eintreten in Meine jetzige Stellung habe Ich es ausgesprochen, daß Meine zum Heile Preußens und Deutschlands gehegten Absichten dahin gerichtet seien, keine anderen, als moralische Eroberungen zur Ausführung zu bringen; es ist dieses Wort vielfach belächelt, bespöttelt, ja gehöhnt worden, und doch ertheile Ich Ihnen heute die feste Versicherung, daß Meine Pläne darüber nie hinausgegangen sind, und daß — wenn ich als 70jähriger Mann zu gewalt= thätigen Eroberungen übergehe — Ich dies nur thue, ge= zwungen durch die Macht der Verhältnisse, durch die unabläs= sigen Anfeindungen Meiner angeblichen Bundesgenossen und durch die Pflichten gegen das Meiner Führung anvertraute Preußen.

Schon bei Bildung des deutschen Bundes wurde von denjenigen Staaten, welche durch Preußens schon damals er= kennbaren geistigen Aufschwung Gefahren für die Erhaltung ihres Einflusses befürchteten, dafür Sorge getragen, daß das Bundesgebiet Preußens durch selbständige Staaten getrennt bleibe. Diese Lage wurde seit dem Bestehen des Bundes durch fortwährend erneuerte Anfeindungen, vorzugsweise genährt durch österreichischen Einfluß, durch Erkaufen der deutschen, der französischen, der englischen Presse, benutzt, um bei diesen Staaten stete Besorgnisse vor Preußens Uebergriffen und Er= oberungsgelüsten anzuregen und wach zu erhalten, und den, drei preußische Regierungen hindurch mit Eifer, aber unter Achtung aller Rechte fortgesetzten Bemühungen, dem deutschen Bunde Einigkeit und Aufschwung in materiellen und geistigen Interessen einzuflößen, beharrlichen Widerstand entgegenzu= setzen.

Diese Bestrebungen sind nicht ohne Erfolg geblieben, sie haben zu einer, fast nur während der Regierung des Königs Ernst August innigeren Beziehung Platz machenden, unfreund= lichen Stellung Hannovers zu Preußen geführt, welche wäh= rend der politischen Complicationen der letzten Jahre häufig in eine feindliche übergegangen ist, ohne daß dazu von preußi= scher Seite Veranlassung gegeben wäre.

So standen die Sachen, als Meine Stellung in Holstein

durch Oesterreich immer und immer wieder angegriffen und gestört wurde, bis zu einem Grade, welchen Preußen zu ertragen nicht länger im Stande war. Bevor Ich Mich jedoch zum Aeußersten zu entschließen gezwungen wurde, gelang es, die Gefahr noch einmal durch Abschließung des Gasteiner Vertrages, nicht zu beseitigen, sondern nur hinauszuschieben, denn während der Wirksamkeit dieses Vertrages fiel eine Hülle nach der andern, welche die Absicht Oesterreichs bis dahin verschleiert hatte, den längst als drohend und stets mehr und mehr für unvermeidlich erachteten Kampf mit Preußen nunmehr thatsächlich zu beginnen — den Kampf um den überwiegenden Einfluß in Deutschland. Dieser Einfluß ist Preußens Lebenselement, den Kampf um denselben nicht annehmen hieß Preußens Existenz opfern — die holsteinische Frage war damit in den Hintergrund gedrängt.

Zur Durchführung dieses großen Kampfes bedurfte es zweier Grundlagen:

1) der Ueberzeugung von der Gerechtigkeit der preußischen Ansprüche, welche allein den Schutz des Höchsten durch Verleihung des in Seiner Hand liegenden Kriegsglücks hoffen lassen konnte;

2) des Instruments, womit derselbe geführt werden mußte; der preußischen Armee.

Daß das Instrument tüchtig sei, darüber war ich nicht im Zweifel, denn mein ganzes Leben war der Entwicklung der preußischen Armee gewidmet gewesen und ich durfte mir ein Urtheil über deren Leistungsfähigkeit zutrauen.

Daß Preußens Forderungen gerecht seien, schien Mir dadurch erwiesen, daß Preußen ohne deren Erfüllung nicht fortbestehen und sich gedeihlich entwickeln könne, und so entschloß Ich Mich schweren und schwersten Herzens zum entscheidenden Kampfe, dessen Ausgang Gott anheimstellend.

Und die von Mir in solcher Ausdehnung nicht vorgeahnten, selten oder nie in der Geschichte dagewesenen Ergebnisse eines Eristenzkampfes zweier mächtiger Staaten in so kurzer Zeit, sind eine sichtbare Fügung der Vorsehung, ohne die auch die geschulteste Armee solche Resultate nicht erkämpfen kann.

Die Stellung der Regierung Ihres Landes vor und während der Entwicklung dieser Ereignisse ist Ihnen bekannt, das Votum vom 14. Juni, welches jeder Begründung durch das Bundesrecht entbehrte, das nur eine Erecution kennt, eine Erecution, welcher Ich — falls sie beschlossen wäre — Mich zwar nicht hätte fügen können, welche aber doch den Bundesbruch im preußenfeindlichen Sinne für Hannover minder offenbar gemacht haben würde. — Sie kennen die Existenz gepflogener Neutralitätsverhandlungen, Meine wiederholte vergebliche Aufforderung zum Nord-Bündniß in der Nacht vom 14. Juni, den Zug der hannoverschen Armee mit ihrem König, die Katastrophe von Langensalza, bei welcher Ich Mich zwar nicht als Sieger hinstelle, welche aber in ihren Folgen zur Vernichtung der hannoverschen Armee geführt hat.

Auch nach den überraschend großen Erfolgen, welche Mir freie Hand in den von mir zu treffenden Bestimmungen verschafft haben, würde es weder einer Adresse, noch einer Deputation bedurft haben, um mir den Ernst des Schrittes klar zu machen, welchen Sie vermieden zu sehen wünschen. Dennoch wiederhole Ich Meinen Dank, daß man sich freimüthig ausgesprochen hat, ja, es ist Mir dies lieber als das Gegentheil, weil es für die Zukunft reellere Verhältnisse prognosticirt. Und dennoch hat die reiflichste, wegen Meiner verwandtschaftlichen Verhältnisse zum Hause Hannover schmerzlichste Prüfung Mich zu dem Beschlusse der Annerion kommen lassen, als einer Pflicht: Mein Preußen für die von ihm gebrachten schweren Opfer zu entschädigen und die wahrscheinliche Wiederkehr der durch die unfreundliche Stellung Hannovers auch in Zukunft zu besorgenden Gefahren zu beseitigen.

Ich hoffe, daß gegenseitiges Vertrauen bereinst zur Zufriedenheit führen wird.

III. Die Erwiederung Sr. Exc. des Herrn v. Münchhausen:

„Ew. königlichen Majestät haben wir neben der wahrhaft empfundenen Bewunderung über die Klarheit des eben vernommenen Exposé und neben dem ehrerbietigsten Danke für den so gnädigen Empfang der Deputation eines darniedergeworfenen Landes die Versicherung unterthänigst auszusprechen, daß wir die so eben vernommenen Worte so getreu, als wir dieselben wiederzugeben im Stande sind, unseren Landsleuten und zur Kenntniß unserer erhabenen Königin in Herrenhausen bringen werden, welche durch die in den letzten Monaten bewiesene Haltung die ihr gezollte Liebe und Bewunderung der Hannoveraner täglich gesteigert hat. Wir, die wir hier vor Ew. königlichen Majestät stehen, haben seit geraumer Zeit keine näheren Beziehungen zu der königlich hannoverschen Regierung: befinden uns also außer Stande, deren Verhalten Ew. königlichen Majestät Regierung gegenüber zu rechtfertigen. Ew. königlichen Majestät Antwort wird aber — wir können dies nicht bezweifeln — daheim eben so tief und erschütternd wirken, als in unserem Herzen, weil damit die letzte Hoffnung auf die Erhaltung einer wiewohl nur bedingten Selbständigkeit hinweggenommen ist, eine Hoffnung, welche weniger darauf gebauet wurde, daß in der Petition die Weisheit Ew. königlichen Majestät um eine wiederholte Erwägung darüber gebeten worden ist: ob nicht zwei Millionen der dankbarsten Bundesgenossen unter der Regierung eines anderen Fürsten aus demselben Hause, als des Königs, über dessen Handlungsweise Ew. königliche Majestät Klage führen — nach erfolgter Abnahme der Militärhoheit, dem Königreich Preußen einen größeren Machtzuwachs zuführen möchten, als die gleiche Zahl vielleicht auf längere Zeit hin widerwilliger Unterthanen: als auf die andere Hoffnung, daß die Erinnerung an die unwandelbar treue Anhänglichkeit des hochseligen Königs Ernst August — meines allergnädigsten Herrn — an Preußens Königshaus Ew. königlichen Majestät mächtige Hand abhalten werde, Höchstdessen Sohn und Enkel aus der Reihe der deutschen Regenten zu streichen.

Von heute ab bleibt dem loyalsten und besonnensten Hannoveraner, falls Ew. Majestät Entschließung unwiderruflich sein sollte, keine andere Aufgabe, als der Versuch, die durch die Annexionsabsichten erzeugte theilweise erbitterte Aufregung in die Empfindung hoffnungsloser Ergebung in die unvermeiblichen Fügungen der Vorsehung hinüberzuleiten.

Diese Gesinnung ist es, mit welcher wir, — nach der, wie ich hoffe, ebenso gnädigen Entlassung, als Ew. königlichen Majestät Empfang war — nach Hannover zurückkehren; ihre Bethätigung wird bei dem Bildungsstande des hannoverschen Volkes am leichtesten durch volle Offenheit zu erreichen sein, und deshalb bittet die Deputation um die weitere Gnade, daß Ew. königliche Majestät die uns ertheilte ausführliche Antwort durch Deren Ministerpräsidenten Graf Bismarck mir zufertigen lassen und deren, sowie ihrer mir gestatteten Beantwortung und des Inhalts unserer Petition wortgetreue Veröffentlichung gestatten wolle."

Wie es nun möglich gewesen, daß ein Mann, wie Herr Schatzrath von Rössing vor den König von Preußen treten mochte, den er wenige Wochen vorher als Friedensbrecher unter Bundesexecution gestellt wissen wollte, begreife ich von meinem untergeordneten bürgerlichen Standpunkte freilich nicht, allein da das Gedächtniß der Menschen in unseren Tagen bedenklich schwach zu werden anfängt, so halte ich es für angemessen, den Standpunkt der Ritter zu der deutschen Frage, wie er sich am 4. und 9. Mai durch ihre Reden kundgegeben, den Hannoveranern in das Gedächtniß zurückzurufen.

Historisch muß ich bemerken, daß Rudolph v. Bennigsen, der Präsident des Nationalvereins und der bekannte Führer der Majorität zweiter Kammer, Ende Mai folgenden Urantrag in die Stände gebracht hatte:

„Stände wollen eine Abresse an Se. Majestät den König beschließen und mit deren Ausarbeitung die Redactionscommission beauftragen,

in welcher Stände Sr. Majestät dem Könige Folgendes in näherer Ausführung vortragen:

1) Es ist der dringende Wunsch des Landes, daß Deutschland vor den Gefahren und unheilvollen Folgen eines innern Krieges bewahrt werde;
2) die hannoversche Regierung hat die Pflicht, für Aufrechterhaltung des Friedens thätig zu sein, und zu dem Behufe, wie zur Herstellung einer, die Wiederkehr ähnlicher Zustände verhindernden bundesstaatlichen Gesammtverfassung Deutschlands, auf schleunige Einberufung eines freigewählten Parlamentes hinzuwirken; ferner in dem Conflicte zwischen Oesterreich und Preußen nicht durch vorzeitige Parteinahme oder Rüstungen die Gefahr des Ausbruchs eines Krieges zu vergrößern; endlich auf eine ähnliche Haltung der übrigen deutschen Regierungen ihre Bemühungen zu richten;
3) nicht das jetzige Ministerium, sondern nur ein mit dem vollen Ansehen nach Oben und Unten ausgerüstetes Gesammtministerium ist in der Lage, auf Grund der Wiederherstellung des in der gegenwärtigen Zeit doppelt erforderlichen, seit langen Jahren gestörten politischen Friedens im Königreiche mit Kraft und Erfolg für die wahren Interessen des Landes und die oben bezeichneten nationalen Aufgaben einzutreten."

Hr. v. Rössing, vor einigen Jahren Präsident eines schon seit ein oder zwei Jahren selig entschlafenen großdeutschen Vereins in Hannover, versuchte aus eigenem Antriebe oder vom Hofe und der Militärpartei angestachelt, dem Antrage ein paroli zu biegen in frecher Spieler Weise. Er brachte in erster Kammer folgenden Gegenantrag:

„Ich beantrage, an Se. Majestät eine Adresse zu richten, in welcher Stände mit Rücksicht auf die Gefahr, welche Deutschland aus dem gegenwärtigen Conflicte der beiden deutschen Großmächte und der drohenden Einmischung des Auslandes entstehen kann, sich gedrungen fühlen, auszusprechen, daß sie

1) aus der bisherigen bundestreuen Politik Sr. Majestät des Königs mit vollem Vertrauen die Hoffnung schöpfen, Allerhöchstderselbe werde auch fernerhin sowohl bei den Abstimmungen am Bundestage als auch im Falle eines ausbrechenden Krieges zwischen den deutschen Großmächten lediglich das Bundesrecht Allerhöchstsich zur Richtschnur nehmen und danach den Bundespflichten gemäß zunächst die Erhaltung des Bundesfriedens mit allen Kräften erstreben, eventuell jedoch, mit den übrigen bundestreuen Staaten vereint, dem Bundesbruche rücksichtslos entgegentreten;

2) daß sie ihrerseits gern bereit sind, Se. Maj. den König in diesem Streben auf das Kräftigste zu unterstützen und freudig alle Opfer zu bringen, welche die Wiederherstellung des Bundesfriedens auf Grundlage des Bundesrechts erfordern möchte, und

3) daß sie eine dauernde Sicherstellung Deutschlands gegen innere und äußere Feinde zwar nur von der Theilnahme einer wohlgeordneten Volksvertretung an der Leitung der Bundesangelegenheiten erwarten können, welche von den ständischen Vertretungen der einzelnen deutschen Staaten gewählt wird."

Kam es nun zufällig oder war die Sache abgekartet, ich weiß es nicht, genug, der spätere v. Rössing'sche Antrag kam früher zur Verhandlung als der v. Bennigsen'sche.

Hr. v. Rössing hat seinen Antrag mit den Phrasen, die man hundert Mal in der A. A. Ztg. gelesen hatte und täglich in süddeutschen Zeitungen in der einen oder andern Form aufgewärmt fand, gerechtfertigt.

Er argumentirte von dem Satze aus, daß der deutsche Bund unauflöslich und auf ewige Zeiten geschlossen sei, und daß die Gleichberechtigung der Souveraine und freien Städte danach bis zum Ende aller Dinge feststehe.

Daß zwischen den Verträgen von 1815 das Jahr 1848 liege, wo der Bundestag auseinandergelaufen war und seine Machtbefugniß mit Mühe und Noth auf die deutsche Centralgewalt übertragen hatte, und als der Reichsverweser gleichfalls zu existiren aufhörte, mitsammt dem deutschen Parlamente, ein Interim eintrat, Olmütz und die von dem großen hannoverschen Staatsrechtslehrer Zachariä für rechtsungültig erklärte Reactivirung des Bundes eintrat, das wird ignorirt.

Es wird ignorirt, daß zwischen so ungleichen Größen, wie sie die Bundesacte als gleichberechtigt constituirt hatte, auch nicht einen Augenblick wahre Gleichberechtigung stattgefunden hatte, sondern daß der ganze Bund dadurch, daß sich heute die Majorität der Stimmen an Oesterreich, die europäische Großmacht, anklammerte, morgen an die Großmacht Preußen, dann und wann auch an erste rein deutsche Großmacht, wie sie zu sein sich schmeichelte, die Förderin der Kunst und Wissenschaft, Bayern, in ein beständiges Schaukelsystem kam.

Hr. v. Rössing wagte zu behaupten, daß der deutsche Bund den Zweck, der ihm untergelegt, Deutschland eine würdige Stellung in der Reihe der europäischen Staaten zu sichern, auch erfüllt habe, und kam dann auf den Zustand der Gegenwart, wo sich die beiden mächtigsten Bundesglieder, beide nicht nur dies, sondern zugleich europäische Mächte, bis an die Zähne gewaffnet feindlich gegenüber ständen. Auch in solchem Stadium hielt er es für Pflicht, daß Hannover nicht die reellen Verhältnisse, seine eigene eingeklemmte, von Bundeshülfe verlassene Lage ic. berücksichtige, sondern lediglich auf die auf dem Papiere stehenden, in praxi niemals ausgeübten Grundsätze des Bundesrechtes sich stütze.

Er beantragte: „daß Sr. Majestät mit den übrigen bundestreuen Staaten vereint dem **Friedensbrecher rücksichtslos** entgegen treten solle."

Dazu sei das Volk bereit, die größten Opfer zu bringen.

Der Vertreter der Regierung in erster Kammer, Hr. Staatsminister v. Malortie, begrüßte im Namen der Regierung den Rössing'schen Antrag mit Freude und Befriedigung.

Der Staatsminister v. d. Decken las eine Rede vom Papier, die den Friedensbrecher, welchen Rössing nur greifbar bezeichnet, offen nannte, Preußen. Jede unmittelbare oder mittelbare Stärkung Preußens befördere Hannovers staatlichen Untergang, daher, das war die nothwendige, wenn auch nicht wörtlich ausgesprochene Schlußfolgerung, müßten wir uns mit Oesterreich und Bayern verbinden, um Preußen zu schwächen, womöglich zu zerstückeln.

Graf Borries stimmte dem Antragsteller von Herzen bei.

Landschaftsdirektor v. dem Knesebeck sah es zwar ungern, daß die Stände es überall wagten, sich über die auswärtige Politik zu äußern, weil das lediglich Sache des Königs sei, inzwischen war er mit dem ersten Satze des Antrags, mit dem wir es hier allein zu thun haben, einverstanden.

Graf Inn und Knyphausen-Jennelt hat den Antrag mit Freude vernommen und die Erklärung der Regierung gereicht ihm zur Beruhigung.

v. Grote-Jühnde ist mit dem Antrage im Ganzen einverstanden.

Landrath v. Bothmer findet es beklagenswerth, daß der großdeutsche Verein die erste Kammer, der Nationalverein die zweite zur Arena für ihren Kampf gewählt haben, wodurch der Erfolg erzielt werde, daß keine Abresse zu Stande komme. Man dürfe sich um Himmelswillen nicht etwa dem v. Bennig'schen Antrage anschließen, denn die Aufgabe erster Kammer sei die Erhaltung der conservativen Principien und dadurch Zurückführung der liberalen Bestrebungen auf ihr richtiges Maaß. Er ist gegen den ersten Satz des Antrags, weil ihm die Motivirung den Geschmack daran verdorben. — Also negativ nach beiden Seiten.

Weiter bringt es auch der Klosterrath v. Wangenheim nicht, obgleich er den Wirrwar und die Auseinanderflucht des alten Bundestags 1848 mit erlebt und gut geschildert.

Nachdem sich dann noch der Cultusminister v. Hodenberg mit Freude für den Antrag entschieden, wird dieser mit 25 gegen 17 Stimmen angenommen.

So die Ritter am 4. Juni.

Inzwischen hatte v. Bennigsen seinen Urantrag am 6. Juni in zweiter Kammer gerechtfertigt. Es war ein sehr heißer Tag, ich hatte Platz auf der Journalistentribüne genommen, mir gegenüber stand beinahe die ganze erste Kammer. Bennigsen begründete seinen Antrag mit gewohnter Meisterhaftigkeit, ohne rhetorische Phrasen, sachlich. Nachdem der Minister Bacmeister geredet, kam auch Miquel zum Worte. Er redete mit französischer Begeisterung, ich erinnere mich noch lebhaft, wie er die Hand gegen den Präsidenten ausstreckend, und aus der Hand wieder den Zeigefinger und die dunklen Augen gegen die Tribüne, die voll von Diplomaten und Damen war, gerichtet, sagte:

„Herr Präsident! es ist ein altes Gesetz der Geschichte,

daß, wo die Macht entscheidet, der Schwache verliert und der Mächtigere auf Kosten des Kleinen mächtiger wird. Heute ist es noch Zeit, noch ist der Krieg nicht ausgebrochen, aber, Herr Präsident, morgen! morgen ist es vielleicht nicht mehr Zeit. Möge die Regierung die kurze Spanne Zeit benutzen, ehe ihr das Wort entgegenschallt: zu spät!"

Die Ritter mir gegenüber höhnten und grinten, mit wenigen Ausnahmen, wie Graf Münster und Graf Bremer.

Indessen war es dahin gekommen, daß der Krieg zwischen Oesterreich und Preußen unvermeidlich war, es handelte sich nur noch darum, ob Oesterreich die Mittleren, namentlich Hannover auf seine Seite ziehen könne, und darum, wer den Krieg wirklich anfange. Oesterreich mußte Preußen dazu drängen, wenn es nicht die öffentliche Meinung gegen sich haben wollte. Oesterreich, das den Wortlaut, wie den Schein des Bundesrechts für sich hatte — hätte es den Antrag auf Bundesexecution nicht selbst gestellt und von Bayern oder Sachsen den Antrag stellen lassen, daß die Mittleren und Kleinen rüsteten, um die Vermittlung des Bundes eintreten zu lassen, so wäre das correct gewesen, hatte aber sofort die schwache Seite des Antrags dargelegt — die dritte Staatengruppe, noch nicht einmal einig, wollen, die Waffen in der Hand, den beiden Großstaaten Frieden gebieten, sie wollen Preußen zwingen, das Bundesrecht, das es nicht mehr ertragen kann, beizubehalten.

Daß es sich aber nicht um das Bundesrecht, um die Gleichberechtigung und Souveränität der Mittleren handelte, sondern lediglich darum, nach welcher Pfeife diese tanzen sollten, nach der Oesterreichs oder nach der Bismarck's, das war klar — jedem nicht Blinden oder absichtlich Verblendeten.

Noch einmal trat die Frage an die erste Kammer, als der Antrag zweiter Kammer dahin kam, und Graf Borries berührte in der Sitzung vom 9. Juni den Kern der Sache. Er bekämpfte den von Rud. v. Bennigsen aufgestellten Satz:

„es ist in Augenblicken, wo die Neutralität nicht mehr zu halten sein sollte, eine geographische Nothwendigkeit für Hannover, es mag wollen oder nicht, sich gezwungen auf preußische Seite zu stellen."

Der Graf Borries erklärte in größter Bescheidenheit, die ihm so wohl ansteht, er müsse gestehen, daß er in die Verhältnisse nicht genügend eingeweiht sei, um jene Frage genügend zu übersehen (hier handelte es sich aber nicht um Verhältnisse, um die Absicht des Hrn. v. Bismarck, sondern um die eingeklemmte Lage Hannovers, um sein Getrenntsein von den südlichen Bundesgenossen).

Der edle Graf hatte es herausgebracht, daß die zweite Kammer sich auf den Boden der Thatsachen stelle, während die erste Kammer sich lediglich auf den Rechtsboden gestellt und ausgesprochen habe, daß das Bundesrecht unter allen Umständen aufrecht zu erhalten und gegen Jeben zu vertheidigen sei, der es über den Haufen zu werfen drohe.

Dagegen hatte der edle Graf, der Mann des Rechts und der Treue und Redlichkeit — der sich in derselben Sitzung gegen die schmählichen Verleumbungen in zweiter Kammer vertheidigen mußte, wo man ihm vorgeworfen, er habe den Verfassungsbruch von 1855 ins Werk gesetzt, während er doch nur das alte Recht des ritterlichen Grundbesitzes wieder zu Ehren gebracht — aber auch mit den Rittern Rössing'schen Anhanges das Bewußtsein: „daß, selbst wenn eine Unterdrückung eintrete, die Hoffnung bleibe, daß, wie das bereits früher geschehen, das fremde Joch wieder abgeworfen werde und Hannovers Selbständigkeit von Neuem und ungeschwächt auflebe."

Man hätte glauben sollen, es wären nun die 17

oder wenigstens einige von ihnen, welche gegen den
v. Rössing'schen Antrag gestimmt, aufgetreten, um die nur
eventuell von den thatsächlichen Verhältnissen hergenommene
Vertheidigung des v. Bennigsen'schen Antrags als unabweis‑
bar hinzustellen. Denn es war unwahr, die zweite Kammer
hatte sich nicht auf diesen Nothstandpunkt gestellt, sie
hatte den nationalen Standpunkt behauptet, sie hatte auf
bundesstaatliche Gesammtverfassung Deutschlands mit der
Spitze Preußen und auf schleunige Einberufung eines Parla‑
ments hingewiesen und angetragen.

Wenn ich nun je eine große Meinung von den staats‑
männischen Fähigkeiten des Führers der Opposition gegen
Graf Borries und die Oesterreicher in erster Kammer, des
Schatzraths von Bothmer, gehabt hätte, ich würde sie am
heutigen Tage verloren haben. Der Graf Bremer, Ge‑
heimrath, hatte seine Jungfernrede gehalten, er, der Bennigsen
von der Tribüne zweiter Kammer immer zugenickt und Beifall
zugewinkt hatte, er wagte es, sich zum ersten Male in längerer
Rede zu expectoriren — er erklärte: wenn der Beschluß zweiter
Kammer in einigen unwesentlichen Punkten modificirt würde,
möchte er ihm wohl beitreten, er selbst wolle aber keine des‑
fallsigen Anträge stellen; so wie der Beschluß liege, müsse er
mit Nein stimmen.

Wäre Hr. v. Bothmer ein politischer Kopf, wäre
Graf Münster, der Erblandmarschall, obwohl schon Gesandter
am russischen Hof, ein politischer Mann, wäre der preußisch
gesinnte Graf zu Inn und Knyphausen aus Grimersum ein
Mann von Redegabe, oder wäre nur unter allen 17 ein Mann
von Muth gewesen, so hätte er sagen müssen: „Mein Herr
Präsident, es kommt hier auf österreichische oder preußische
Sympathien, auf nationalvereinliche oder großdeutsche Absich‑
ten nicht an, es kommt auf die Nothwendigkeit an. Hannover
muß sich Preußen anschließen. — Noch kann es Neutralität

haben, wenn es der Reform im preußischen Sinne zustimmt — oder es muß sich gefallen lassen, von Preußen als Feind behandelt zu werden. Preußen kann unmöglich dulden, daß die Verbindung seiner Ost- und Westprovinzen von einem feindseligen Truppencorps von 26,000 Mann bedroht werde. Preußen muß Hannover erobern, ehe es in Schlesien oder Sachsen losschlagen kann. Wollen Sie, meine Herren, mit Grafen Borries, im Bewußtsein, das Recht aufrecht erhalten zu haben, auf die Stunde warten, da dem flüchtigen Könige von Oesterreich sein Reich zurückerobert wird, so mögen Sie die Verantwortung dafür übernehmen — ich stimme dafür, daß die Königliche Regierung unter jeder Bedingung neutral bleibe."

Keiner der Ritter hat so oder ähnlich gesprochen, der Gedanke der zwingenden Macht geographischer wie politischer Thatsachen hätte die erste Kammer am 9. Juni veranlassen sollen, den König zu warnen, die verderbliche österreichische Politik fortzusetzen. Das ist nicht geschehen — der König ist landesflüchtig, er sitzt auf der Villa des Herzogs von Braunschweig in Hietzing und schaut auf die Gloriette Josephs II., verlassen von Franz Joseph und aller Welt, selbst von seinen Rittern, diesen alleinigen Stützen des Welfenthrons.

Doch nein, die Ritter haben etwas gethan.

Ende Juli war eine vom Graf Münster entworfene Adresse an König Georg mit etwa 100 Unterschriften bedeckt. Es ist der Wortlaut dieser Adresse nur wenig bekannt geworden, da den Zeitungen in Hannover zu Anfang August der Abdruck verwehrt war. Ich halte es daher für zweckmäßig, diese Adresse wörtlich mitzutheilen, weil es keine schlagendere Kritik der eigenen Unthätigkeit in erster Kammer geben kann, als diese Adresse.

Man vergleiche die Verhandlungen vom 4. und 9. Juni und diese Adresse vom 16. Juli:

Allerdurchlauchtigster ꝛc. Die unterthänigst unterzeichneten Mitglieder der Ritterschaften des Königreichs erlauben sich, Eurer Majestät folgende Adresse ehrerbietigst zu unterbreiten:

Der Ernst der Zeit, das große Unglück, welches Eure Majestät und deren getreue Unterthanen betroffen hat, die treue Anhänglichkeit, welche uns Alle für das angestammte Königshaus beseelt, hat bei uns den Wunsch hervorgerufen und uns als Pflicht erscheinen lassen, uns Eurer Majestät zu nahen, um frei und offen unsere Devotion und unsere Ansicht auszusprechen.

Es ist weder unsere Ansicht, noch unser Beruf, die **Handlungen Ew. Majestät einer nachträglichen Beurtheilung zu unterziehen**; wir können es aber nicht unterlassen, ehrerbietigst auszusprechen, daß **Ew. Majestät Rathgeber eine schwere Verantwortung** trifft, und daß das **Mißtrauen**, welches schon früher gegen dieselben bestand und jetzt **unter allen Klassen Ausdruck** findet, als nicht unbegründet sich erwiesen hat.

Zwei Wege gab es für Hannovers Politik: **Neutralität und Eingehen auf Preußens Forderungen**, der zweite, **unbedingter Anschluß an Oesterreich und Festhalten am Bundesrechte**.

Als Ew. Majestät beschlossen, den letzteren Weg zu wählen, hat Ew. Majestät Regierung, trotzdem daß es namentlich dem **Minister der auswärtigen Angelegenheiten, der bis Mitte Mai eine ganz entgegenstehende Politik geführt hatte, nicht unbekannt bleiben durfte, welche Folgen und Gefahren dieser Beschluß nothwendiger Weise mit sich führen mußte, alle Vorsichtsmaßregeln und Vorbereitungen versäumt**, die Ew. Majestät, das Land und besonders die Armee zu verlangen berechtigt waren. In welchem Zustande, in welcher Ueberstürzung die **Armee nach Göttingen geeilt**, ist eine **Thatsache**, die Kummer und berechtigte Vorwürfe im ganzen

Lande hervorgerufen hat. Daß troß der anerkannt schlechten Kriegsverwaltung, troß der unbegreiflichen Unthätigkeit und Nachlässigkeit Ew. Majestät Rathgeber, die Armee in vier Tagen ausgerüstet wurde, ist das Verdienst des hannoverschen Volkes, welches sich musterhaft benahm, und der Armee selbst, die troß dieser schlechten Verwaltung, troß der Personal-Veränderungen, die Ew. Majestät in solchem ernsten Augenblicke für unerläßlich erachteten, ihren alten Ruf rühmlichst bewährt hat. Daß die Armee unter solchen Verhältnissen einen Sieg gegen die sonst überall siegreichen Preußen erfocht, muß Eurer Majestät und das Herz eines jeden Hannoveraners mit Stolz und Freude erfüllen. Die Capitulation nach dem Siege, welche durch die nun eingetretenen Verhältnisse unvermeidlich geworden war, stimmte diese Freude leider sehr herab, und die Thränen, die um die für Hannovers Waffenehre gefallenen Opfer geweint werden, werden nicht durch den Trost getrocknet, der sonst den Hinterbliebenen siegreicher Krieger zu Theil wird.

Ew. Majestät und Ihr Land befinden sich jetzt in der unglücklichsten Lage — der König außer Landes, das Land in den Händen eines preußischen Generals, der die reichen Hülfsquellen desselben für seinen Kriegsherrn auszubeuten sucht. Ein Gutes hat die schwere Prüfung, die der Himmel über dieses Land verhängt hat. Es zeigt sich, daß — so verschieden auch die Ansichten Eurer Majestät getreuen Unterthanen sein mögen — der Eine Wunsch, die Erhaltung der Selbständigkeit und Integrität Hannovers; die Hoffnung, den Thron unseres tausendjährigen Herrscherhauses auch für die Zukunft gesichert zu sehen, das Herz eines jeden Hannoveraners erfüllt. Damit dies Ziel erreicht werde, ist es nothwendig, daß Jeder das Seinige thue, daß im In- und Auslande unablässig gearbeitet und Alles vorbereitet werde, um günstige Constellationen nicht unbenutzt vorüber gehen zu lassen. Die Fortdauer des gegenwärtigen Zustandes vermehrt die Gefahren von Stunde zu Stunde und können wir es daher nicht unterlassen, ehrerbietigst vorzustellen, wie wir fürchten, daß die Interessen Eurer Majestät und des Landes bei den bevorstehenden Verhandlungen nicht gehörig gewahrt bleiben, wenn Eure Majestät die früheren Rathgeber dazu benutzen. Im ganzen Lande herrscht das allerstärkste Mißtrauen gegen gewisse Personen, von denen man glaubt, daß sie einen unberechtigten Einfluß ausgeübt und das Vertrauen Euer Majestät gemißbraucht haben. Vorzüglich ist auch der Mangel eines kräftigen und einigen Gesammt-Ministeriums unter der Leitung eines Präsidenten nur zu fühlbar geworden, und der Wunsch, daß Eure Majestät sich mit anderen Rathgebern umgeben und Einrichtungen treffen wollen, die es möglich machen, Eurer Majestät und dem Lande gegenüber, unbehindert durch fremde Einflüsse, ihre Pflicht zu erfüllen und eine kräftige Regierung zu führen, wird überall auf das lebhafteste empfunden und laut ausgesprochen.

Wenn wir schon jetzt offen mit unseren Ansichten und Wünschen hervortreten, so geschieht es aus Anhänglichkeit und Hingebung an den König, denn es kommt jetzt darauf an, daß im Lande das Vertrauen zu dem Allerhöchsten Landesherrn nicht geschwächt werde, wohin andere Bestrebungen mehr wie je offenkundig zielen, und daß, wenn der schöne Tag Ihrer Rückkehr anbricht, kein Mißtrauen, keine berechtigte Sorge um die Zukunft das Freudenfest störe.

Gott gebe, daß wir diesen Tag bald erleben mögen.

Hannover, den 16. Juli 1866.

Außerdem haben die Landräthe v. Trampe und v. Bothmer, die doch beide in erster Kammer saßen, durch die Hoya-

Diepholzische Landschaft eine Adresse unterschreiben lassen, in der es heißt:

„Mit dem weit überwiegenden Theile aller loyalen und patriotischen Hannoveraner haben wir es schmerzlich wahrgenommen, wie Ew. Maj. seit lange von Personen umgeben sind, denen das entschiedenste Mißtrauen des Landes zu Theil geworden ist, und so herrscht denn auch nur Eine Stimme im ganzen Königreiche darüber, daß den von diesen Personen Ew. Maj. ertheilten übeln Rathschlägen allein es zuzuschreiben ist, daß Ew. Majestät erhabenes Haus und das gesammte Königreich in die gegenwärtige so sehr beklagenswerthe Lage gerathen sind.

Gestützt auf diese Anschauungen und geleitet von dem wärmsten Interesse für Krone und Vaterland wagen wir es auch denn, gegen Ew. Maj. die ebenso unterthänige als dringende Bitte auszusprechen, daß Allerhöchstdieselben nicht anstehen wollen, unter Lossagung von dem verderblichen Bündniß mit Oesterreich, dessen Monarch durch seine neuesten Schritte in ganz Deutschland alle Sympathien für immer verloren hat, noch jetzt mit der Krone Preußen ein Abkommen zu treffen, wodurch der Fortbestand des Königreichs Hannover unter Ew. Majestät landesväterlicher Regierung möglichst gesichert wird.

Gern geben wir uns der frohen Hoffnung hin, daß eine Versöhnung mit dem wohlwollenden Könige von Preußen nicht schwer sein wird, wenn Ew. Maj. Allerhöchstsich bewogen finden sollten, die zu einem erwünschten Friedensschluß geeigneten Schritte nicht mit den bisherigen, sondern mit solchen Rathgebern festzustellen, welche von dem Vertrauen auch des Landes getragen werden."

Es war zu spät.

Zu spät war es auch, als die oben genannten Ritter in Berlin ihre Adresse überreichten — die Annexionsvorlage war gemacht, Commission und Ministerium hatten sich geeinigt, von verständigen Männern mußte man glauben, daß sie im Voraus eingesehen hätten, zu spät zu kommen.

Ich habe daher den Zweck der ganzen Sache anders aufgefaßt. Man hatte nicht den Glauben, etwas im Sinne der Adresse zu erreichen, sondern einen gedoppelten Zweck: erstlich wollte man Georg V. gegenüber demonstriren, daß man kein Mittel unversucht gelassen, das Unvermeidliche abzuwenden — war dieser letzte Versuch vergeblich, nun dann bleibt ja auch dem loyalsten Ritter nichts anders über, als, wenn auch mit schwerem Herzen, sich in das Unvermeidliche zu fügen, dem König Wilhelm zu huldigen, und dahin zu streben, daß die theilweise erbitterte Aufregung des Landes hinübergeleitet würde zur loyalen Ergebenheit für den neuen König.

Daneben aber wollte man dem König Wilhelm die Treue und Anhänglichkeit der Ritter zeigen — die Treue der dem Königthume als solchem aufrichtig Ergebenen beweisen. Wir, die Ritter, werden in Zukunft Dir eben so treu sein, nachdem wir jetzt den welthistorischen Beruf Preußens, die Vormacht Deutschlands zu sein, erkannt haben. Die übrigen, die Nationalvereinler, die Leute, die den welthistorischen Beruf Preußens schon vor 1848 einsahen, oder in Gotha sich dazu bekannten, die 1859 in Eisenach zusammentraten, und in den Versammlungen des Nationalvereines und Abgeordnetentages für Preußens Führung gestritten, das sind der Krone feindliche Elemente, vor denen hüte Dich.

Das war der Zweck des letzten Versuchs.

Daß der Ex-Minister von Münchhausen so sprach, läßt sich allenfalls erklären, er hatte zu dem Bennigsen'schen Antrage eine Stellung in zweiter Kammer eingenommen, die etwas unverständlich war; er argumentirte dagegen und stimmte dafür in der Hoffnung, durch die Conferenzverhandlungen ein Besseres zu erreichen. Er wollte nichts von bundesstaatlicher Einigung wissen, und hielt es für viel unmöglicher, mit Preußen zu gehen, als dagegen. Er erkannte an, daß das isolirte Hannover Preußen offen liege, daß selbst die stärkste Armee, welche Hannover zu stellen vermöge, das Land n i ch t schützen könne, daß man auch keine Hoffnung auf Hülfe von Bundesmitgliedern habe, und dennoch wollte er nicht mit Preußen gehen. Kurz, was Hr. v. Münchhausen eigentlich w o l l t e, das hätten wir wahrscheinlich erst in der Commission erfahren. Die siegreichen Erfolge Preußens erst haben ihn dessen Macht und welthistorischen Beruf erkennen lassen.

Wie sich aber die Herren v. Schlepegrell und v. Rössing bekehrt haben, ist uns noch ein Räthsel; wenn aber so etwas an dürrem Holze geschieht, warum sollte es nicht an grünem geschehen? warum sollte der Vicepräsident des großdeutschen Vereins seligen Andenkens, Hr. Dr. Bährens, sich nicht von dem historischen Berufe Preußens, Schleswig-Holstein zu annectiren, überzeugen und diese Ueberzeugung als guter preußischer Unterthan in Kiel fortan lehren? —

Bei Gott ist kein Ding unmöglich.

IX. Bürger und Bauer.

Unser Bürgerstand wird, mit Ausnahme eines Theils des Zunfthandwerkerthums und der sog. Hofouvriers der Residenz, die Annexion an Preußen am leichtesten überwinden, ja ein großer Theil desselben, alle nach freierer Bewegung sich sehnende

Fabrikanten und Industrielle, begrüßen die Annexion mit Jubel. Der Versuch des Herrn Schow und Genossen, d. h. der Techniker wie Prof. Rühlmann, die Gewerbe und das Fabrikwesen angeblich freiheitlich zu ordnen, hat auf der einen Seite den Zünftlern, auf der andern Seite den Fabrikanten so großen Schrecken eingejagt, daß beide Theile höchst befriedigt waren, als die Gewerbecommission ihre schätzbaren Arbeiten am 14. Juni einstellte.

Vom Könige, vom Hofe, von der Kriegsverwaltung stark begünstigte Industrielle haben mir zu meinem Erstaunen vor dem 14. Juni erklärt, sie würden lieber heute als morgen preußisch, denn das, womit sie ihre etwaigen Titulaturen und sonstige Begünstigungen bezahlen müßten, darüber dürften sie nicht reden.

Die Zeit von Mitte Juni bis jetzt hat überall Manchen den Muth gegeben, vorläufig in vertrauten Kreisen sein Herz auszuschütten; ich könnte vielerlei erzählen aus residenzlichen Kreisen, die keinen prinzeßlichen ꝛc. Geburtstag haben vorübergehen lassen, ohne weiß-gelb zu flaggen, und die mit noch viel größerer Neigung weiß-schwarz flaggen werden, eben weil sie freilich die Protection des Hofes ꝛc. hatten, dabei aber mancherlei Bedrückungen durch die Macher, die Vermittler, die von ihrem Verdienst vorabnahmen. Ich spreche hier nur von solchen, die sich tüchtig genug glauben, mit Berlin oder andern preußischen Städten concurriren zu können. Es war wahrhaftig nicht alles angestammte Welfentreue, die von den Dächern herunterflaggte, es war zu $9/10$ Eigennutz dabei.

Wenn mein Freund, der Hofriemermeister Ernst Conrades — obwohl er vielleicht nicht weiß, daß ich sein Freund und Kunde seit längeren Jahren bin — die Arbeit für die künftige königl. preußische Reitschule in Hannover bekommt, so wird er seine silberne Verdienst-Medaille und das allgemeine Ehrenzeichen in der Rauchkammer aufhängen, und Hr. Hofbrechsler Schnath würde, wenn seine Verdienste um das Zopf‍zunftthum nur halb so sehr vom Könige Wilhelm anerkannt würden, als dies vom Könige Georg geschah, mit Freuden seine silberne Verdienstmedaille nebst seinem allgemeinen Ehren‍zeichen in die Leine werfen.

Daß alle diejenigen, welche vom Bürgerstande mit der vierten oder einer andern Classe des Guelphen-Ordens, der Guelphen-Medaille, der goldenen, silbernen Verdienstmedaille u. s. w. — in der Regel auf unterthänigstes Ansuchen, beglückt sind, sich niedergedrückt fühlen, und je nach Temperament auf die räuberischen Preußen schimpfen, den Vaterlandsverräthern, wie sie die Annexionsfreunde nennen, die Cholera oder noch etwas Uebleres auf den Hals wünschen, anonyme Droh- und Schmähbriefe schreiben, seitdem Onno Klopp und sein Lauf‍köther solche nicht mehr in der Nordseezeitung veröffentlichen können, ist selbstverständlich.

Ich bedaure weiter nichts, als daß der selige Hofmedicus Schneemann nicht mehr lebt; wie würde er sich gefreut haben, daß die Frucht, die er so gut gesäet und gedüngt, so herrlich aufgegangen ist!

Unser stadthannoversches Philisterthum, das gegen Mit‍tag in der Georgenhalle mit den großen europäischen Künstlern Champagner trank, oder im Telegraphen, bei Hartmann, in der Zauberflöte, dem Georgenkeller und wie die unzähligen Locale sonst heißen mögen, in Gesellschaft pensionirter königli‍cher Diener politisirte, Nachmittags und Abends im Odeon und Tivoli sich von den Trinkanstrengungen des Mittags erholte, gegen Mitternacht bei Müller oder im Postkeller, im Louisen‍keller oder in Meinekens-Keller einige Abwechslung in Unter‍haltung mit jungen Damen des Comptoirs suchte, nun ja, für das hört mit der Annexion die Gemüthlichkeit auf.

Die hannoverschen Frauen werden damit sehr zufrieden sein, sofern sie Hausfrauen waren und nicht etwa noch schlim-

mer als die Männer der Genußsucht nachgingen, sich unglück-
lich fühlten, wenn sie des Nachmittags und Abends im Hause
zubringen mußten und im Sommer nicht im Odeon, Tivoli,
Bella Vista u. s. w. ihren Kaffee, Thee, resp. Bier und Wein
trinken konnten, im Winter nicht ihre Loge, wenn auch nur im
zweiten Range des königl. Hoftheaters einnahmen.

Wahrlich, die bürgerliche Familie in Berlin (Dresden 2c.)
war zufrieden, wenn sie das am Sonntag hatte, was unsere
Frauenzimmer, jung und alt, jeden Standes beinahe, täglich
prätendirten. Und diese Crinolinen und Schleppkleider, die
sich da in dem ewigen von 10,000 Flammen erleuchteten Kreise,
dem Georg V. so große Elogen machte, herumtrieben, sie sehnen sich nach hannoverschen Fähndrichen und Rittmeistern.

Wenn die Annexion in diesem Schwindel eine Aenderung
hervorbrächte, so wäre das für die Residenz unendlich viel
werth; allein die Sache nimmt ihren Fortgang, trotzdem die
Königin in Herrenhausen als trauernde Strohwittwe das
Rochell-Album ihrer Getreuen mit 9000 Photographien in
Empfang genommen und gestern, am 18. Septbr., von einer
Deputation beglückwünscht wurde, deren Sprecher, Hofdestilla-
teur Oldenburger, eine Glückwunschadresse zu dem Geburtstage
des Kronprinzen mit 15,000 Unterschriften im Prachteinbande
von Bergmüller überreichte, welche jetzt zwei Hofouvriers nach
der neuen Welt bringen. — Es wird mancher Band- und Putz-
waarenhändler hinter glänzenden Spiegelglasfenstern noch
lange sich nach der engelsgleichen Königin und der schönen
Homburger Prinzessin sehnen, allein wenn selbst die hannoversche Zeitung predigt, daß es mit Hannover für immer vorbei
sei, so wird auch Hr. Rochell, Hr. Sonntag und Genossen sich
darein fügen müssen, ohne Welfen-Hof zu existiren.

Emden hat gestrebt, es Leer voran zu thun, wenn nicht
im Butterhandel, doch im Flaggen von schwarz-weißen Fahnen; das ist schon geschehen, ehe überall eine officielle

Kunde von der Annexion nach Ostfriesland gelangt. Leer wird nicht verfehlen, nachzufolgen, während es, was Handel und Wandel anbetrifft, Emden vorangeht. Aus Aurich ist zwar Nieper entfernt, aber der Präsident des Obergerichts, Herr Dankert, läßt zum Verdruß seines Gönners, des Exministers Landschaftsdirector von der Decken, eine riesige schwarzweiße Fahne bauen, die vom Obergerichtsgebäude herabwehen soll.

Die treue ostfriesische Landschaft hat für ihre sämmtlichen Landräthe bei Hrn. von Düffel untadelhafte Schimmel und Rappen bestellt, auf denen die Landräthe selbander in Berlin einreiten sollen, um ein Modell des Upstallboms von Silber dahin zu bringen.

Selbst in Papenburg, dem katholischen, nähen die Schwestern des Bürgermeisters von Duderstadt eifrigst an einer schwarz-weißen Fahne, welche die Bark „Bismarck", die in den nächsten Tagen vom Stapel gelassen wird, schmücken soll.

In Goslar sehnt man sich nach dem Tage, wo vom Rathhause die schwarz-weiße Fahne ausgehängt wird, in Osterode und Harburg, Osnabrück und Hildesheim, überall, wo Industrie sich regt, will man annectirt sein. Wie stark in der alten Residenz der Herzoge von Lüneburg Treitschkesche Anschauungen die Ueberhand gewonnen haben, weiß die Partei am besten, welche im Frühsommer dem Könige auf seiner Reise zum Rennen nach Harburg eine welfische Ovation bringen wollte.

Wahrlich, wenn ich bedenke, daß es dem Könige Georg V. je gelingen würde, restaurirt zu werden, mir müßte bangen um das Schicksal von Osterode und Emden, Harburg und Leer, Hildesheim und Osnabrück, Georg V. und sein großer Amtmann Meile von der Decken würden alle diese Städte der Erde gleich machen, weil sie ungetreu waren, wie Heinrich der

Löwe Barbowick der Erde gleich gemacht, wie Amtmann Decken der Stadt Dannenberg mit gleichem Schicksale drohte. — Unsere Advocaten und Anwälte, so weit sich dieselben überall mit Politik befaßt haben, gehören zum größten Theile der nationalen Partei an. Sie haben die Früchte des kleinstaatlichen Regiments nach allen Seiten durchgekostet, und im Interesse ihrer Clienten gefühlt, was es heißt, heute von einem Ministerium Schele, morgen von einem Ministerium Lütcken, übermorgen von einem Ministerium Borries gemaßregelt zu werden. Der büreaukratische Dünkel, die Art und Weise, wie am grünen Tische das Unzweckmäßigste in der Regel für das Zweckmäßige gefunden wurde, der Wechsel der Verwaltungsmaximen, das Alles wirkt auf den mit Verwaltungsangelegenheiten sich beschäftigenden Advocaten aus erster Hand.

Georg Rér hat sich dem Stande der Anwälte und Advocaten nie gewogen gezeigt; als er vor einigen Jahren den Obergerichts-Anwalt Blom in Verden, denselben, den er im vorigen Jahre der Kronanwaltschaft auf öffentlichem Bahnhofe zur gerechten Bestrafung denunzirte, mit dem Welfenorden decorirte, nannte er ihn den einzig loyalen Anwalt. Wahrlich, es muß viel faul sein im Staate Hannover, wenn unter 200 und mehr Männern, von denen das Volk seinen Rath empfängt, die berufen sind, für Recht und Gerechtigkeit zu kämpfen, nur einer loyal ist, und dieser später in Veranlassung königlicher Denunciation vor das Schwurgericht gestellt wird, freilich um freigesprochen zu werden.

Die welfische Handelspolitik hat dem Handel und der Industrie niemals großen Segen gebracht; was dieser geworden, jene geleistet, ist er ohne das Welfenthum geworden, das nur Männer begünstigte, die schmeicheln konnten. Während ich diese Zeilen schreibe, spielt vor dem Schwurgericht unserer Stadt der Proceß gegen den Champagnerfabrikanten Grütter wegen betrüglichen Bankerotts. Der Mann hat

22,000 Thlr. Activa etwa und 150,000 Thlr. Schulden in 10 Jahren gemacht; er hatte aber dem König Glückwünsche zur Rettung des Kronprinzen telegraphiren lassen, ihn zu umschmeicheln gewußt und dafür hatte er ein Darlehn von 7000 Thlrn. aus dem Commerz-Capitalien-Fond, ja dieses Capital sollte ihm auf Immediatbefehl des Königs belassen werden auch nach dem Concurse, wenn er seine Grundstücke im Concurse wieder kaufte. Hätte der Commerz-Capitalien-Fond noch mehr Gelder zu verleihen gehabt, das Ministerium des Innern würde auch in dem Concurse des Sägemüllers Eduard Grütter, und dem der Geestemünder Eisengießerei Carl Grütters, und dem des Bürgermeisters Grütter, — dem unausbleiblichen, — anmelden müssen. Aber was will das sagen! Handelt doch ein vierter Bruder mit dem Bildnisse eines Denksteins, den die Stadt Walsrode zum Gedächtniß der Confirmation des Kronprinzen gesetzt hat, und mit Photographien des Monuments, das vor einigen Wochen zur Erinnerung an die angebliche Errettung des Kronprinzen aus dem Wellentode in Norderney auf jener Insel gesetzt ist, und ein solcher Handel verdient Unterstützung.

Industrielle und Handeltreibende waren empört über das Spiel, das man 1864 und 1865 bei Erneuerung der Zollvereinsverträge mit Preußen trieb. Man schädigte dadurch nicht nur Handel und Wandel, sondern schadete sich selbst. Hätte sich damals Hannover offen und ehrlich von Anfang auf preußische Seite gestellt, auf der es stehen mußte, der ganze österreichisch-münchener Schwindel, welcher den Handelsstand ein halbes Jahr in Furcht und Schrecken setzte, alle Thätigkeit hemmte, hätte gar nicht aufkommen können.

Hannover, das den Zollverein weder finanziell, noch für den Wohlstand des Landes entbehren konnte, gerirte sich, als wenn es absolut nicht mehr mitmarschiren wollte, um Preußen seine Unentbehrlichkeit fühlen zu lassen.

Unser Handelsstand und die Industriellen sind kosmopolitisch, sie fühlen sich durchaus nicht welfisch angeboren, sie singen vielmehr das Lied ubi bene, ibi patria, und werden hoffentlich erst durch den Anschluß an einen Großstaat eine Staats- und Vaterlandsgesinnung bekommen.

Die Zünftler ex professo sind ächt welfisch, ist doch König und Kronprinz ihr Amtsgenosse und Amtsbruder. Georg hat den Zunftnarren immer geschmeichelt, er glaubte in dem Zunftthum eine Stütze zu haben. Er hatte nur Statisten und Decorationen, wenn es galt, der Welt die Herrlichkeit des Welfenthums zu zeigen, wie bei der Enthüllung der Ernst-August-Statue. Georg hatte den Zünften ihren Bestand bis an das Ende aller Dinge versprochen. Aber er konnte sein Wort nicht halten, wenn nicht dem Welfenthume selbst, so wäre schon jetzt dem Zunftthume ein Ende gemacht und die Welt durch eine von Hrn. Bacmeister und Schow ausgeheckte Erfindung reicher. Freie Arbeit und Zunftthum sollten Hand in Hand gehen; die Zünfte sollten dem Namen nach bestehen bleiben, denn das hatte Georg versprochen, aber nicht mehr durch Zunftzwang geschützt sein, sie sollten von der Ehre leben. Dazu hat nun aber das Zunftthum keine Lust, es weiß, daß Zunft ohne Zunftzwang nichts ist.

Unsern Bauern ist es im Ganzen gleichgültig, an wen sie ihre Steuern bezahlen, sie sind da am liebsten, wo sie am wenigsten zahlen. Sie stehen dem Staatswesen im Ganzen sehr fern — einzelne Ausnahmen abgerechnet, denn eine 25jährige Praxis als Deputirter zweiter Kammer giebt eine gewisse Routine — und haben selten einen Blick über die Gränzen ihres Dorfes, resp. ihre Aemter, hinaus.

Es prägt sich bei den Bauern das Provinzielle noch am charakteristischsten aus, sie sind noch lieber calenbergisch, lüneburgisch, hoyaisch u. s. w. als hannoversch.

Unser Bauer ist conservativ, er liebt das Neue nicht, er

sehnt sich nicht nach Abwechslung, das Gewohnte ist ihm das Liebste. Unser Bauer hatte einen sehr guten Stand, seit 30 Jahren hat die Gesetzgebung beinah hauptsächlich zu seinen Gunsten gearbeitet, er wußte nichts vom Steuerdruck und hatte es in der Hand, Alles von sich abzuwälzen und sich jeder Erhöhung oder Aenderung der Grundsteuer zu erwehren. Wäre unser Adel nicht so bornirt, sich in der ersten Kammer abzusondern und zu isoliren, hätte er die günstigsten Umstände, welche die Verfassung ihm bot, benutzt auch die Führung der Bauern in zweiter Kammer zu gewinnen, unsere Staatsmittel wären noch mehr zum Besten der Grundbesitzer ausgebeutet. Das 8 Millionen-Project zum Bau der Landstraßen machte einen ganz guten Anfang.

Jeder Bauer ist von Herzensgrund Egoist und deutschnationale Gesinnung darf man da nicht suchen. Ausnahmen giebt es auch hier, ein Räbeker, Abikes, Kröneke, Jordan ꝛc. stehen über der großen Mehrzahl. Unser Bauernstand ist im Ganzen gegen die Annexion, nicht aus Liebe zum Hannoverthum oder Welfenthum, sondern, weil ihm die Sache ganz etwas Neues ist, weil er mit dem Gedanken an Preußen an höhere Steuern, an Militärdienst mit dreijähriger Uebungszeit und ohne Stellvertretung denkt, weil er den Gedanken an den Bestand der Annexion nicht faßt, weil er Krieg mit Frankreich, England und Rußland fürchtet.

Sobald der Bauer sieht, daß die Annexion nicht Krieg bedeutet, daß die Grundsteuer nicht verdoppelt wird, und die Schwere der Dienstpflicht dadurch, daß sie alle gleich trifft, erträglicher wird, daß eine dreijährige Dienstzeit in Berlin oder einer anderen größeren preußischen Stadt für seine Söhne eine Bildungsschule ist, besser als jede Ackerbauschule, wenn er hört, wie der Prediger fortan für König Wilhelm betet, statt für Georg V., so wird er sich gewöhnen. Ob er aber so bald den Gedanken des preußischen Staatsganzen fassen lernt, den

Gedanken, einem Volke von beinahe 24 Millionen anzugehören, das ein Wort mitspricht, wenn es sich künftig um europäische Angelegenheiten handelt, das ist fraglich, da es mir sehr zweifelhaft erscheint, daß selbst unsere Schulmeister einen solchen Gedanken zu fassen vermögen.

Man hat unsere Schulmeister in den Seminarien zu sehr mit dem neuen Katechismus abgeplagt, als daß sie auch nur den geographischen Begriff des norddeutschen Bundes zu fassen vermöchten. Freilich die Schulregulative und Hr. Wantrupp sind auch keine Dinge, die uns sehr reizen könnten.

Das bisher Gesagte gilt selbstverständlich nur von den Althannoveranern, nicht von den später erworbenen, erkauften und annectirten Provinzen und Landestheilen, auch nicht von dem Oberharz, der auf der niedrigsten Stufe der Selbstverwaltung steht.

Zu den alten hannoverschen Landen rechne ich die Fürstenthümer Calenberg, Grubenhagen mit dem Harz, Göttingen, Lüneburg, die Grafschaft Spiegelberg, die Grafschaften Hoya und Diepholz, die Grafschaft Hohnstein und das Herzogthum Lauenburg, so viel davon seit 1815 geblieben.

Das Herzogthum Bremen und Verden, im westphälischen Frieden an Schweden gefallen, wurde 1712 von den Dänen occupirt. Hannover kaufte von Dänemark, das doch lediglich im Occupationsbesitze war, das Bremen-Verden erobert hatte, diese Landesstrecken, welche Hannover aus einem Binnenstaate zuerst an die Nordsee führten. Schweden hat im Stockholmer Frieden von 1719 auf seine Staatsansprüche verzichtet. Bremen-Verden hat sich Hannover schnell angeschlossen, da man ihm seine zahlreichen Sonderheiten ließ und die bremischen Ritter sich bald im Fürstendienste die bedeutendsten Stellen zu verschaffen wußten.

Auch das Land Hadeln ist erst 1731 an Hannover angeschlossen, und hat bis 1852 die meisten seiner uralten Eigenthümlichkeiten behalten. Die Hablenser sind bis auf den heutigen Tag noch nicht hannöversch geworden, trotz allen Spottes, den schon 1832 Christiani gegen sie vom Stapel ließ. Die Grafschaft Bentheim ist aus Pfandbesitz 1815 unter die Hoheit der Welfen gekommen und hat schon die Religionsverschiedenheit — man ist dort reformirt — es nie zu einem eigentlichen innigern Anschluß an Hannover kommen lassen.

Osnabrück hatte in dem auf seinem Rathhause geschlossenen Frieden die unglückliche Zwitterstellung erlangt, abwechselnd von einem katholischen Bischofe und einem protestantischen aus dem Geschlechte der Herzoge Georg regiert zu werden, es wurde erst 1802 in Folge des Lüneviller Friedens Hannover als Fürstenthum zuertheilt, kam dann sehr bald in französischen Besitz, so daß es erst seit 1814 als Hannover einverleibt angesehen werden kann.

Die Niedergrafschaft Lingen war 1702 an Preußen gefallen, wurde 1807 in Gemäßheit des Friedens von Tilsit an Frankreich abgetreten, und durch die Wiener Congreßacte Hannover zugelegt. Sie hat also eine 100jährige preußische Erinnerung gegen eine 50jährige hannoversche.

Der Kreis Emsbüren gehört gleichfalls erst seit 1815 zu Hannover, eben so der Kreis Meppen.

Das Fürstenthum Hildesheim wie die Stadt Goslar sind gleichfalls erst 1815 annectirt, wie auch das Fürstenthum Ostfriesland und das Harlingerland, das Eichsfeld.

Endlich sind noch einige hessische Landestheile — Auburg, Freudenberg, Uchte, Plesse, Neuengleichen in jener Zeit Hannover einverleibt.

In allen diesen Landestheilen hat man sehr wenig angestammten Welfenenthusiasmus; Alles, was da im vorigen Jahre zur Annexionsfeier zu Tage trat, war mehr oder weniger künstlich gemacht. Die Namen der Macher sind bekannt.

Das Preußenthum wird sich da schnell wieder Geltung verschaffen.

Wenn man heute in der Leine-Residenz und kleinern Orten von männlichen und weiblichen Coquetten ein Spiel treiben sieht mit weißgelben Halsbinden und Schärpen, in Gold eingefaßten Thalern als Broschen, mit der Photographie der engelreinen Königin in Bronce als Broche für fünf Groschen zu kaufen, kurz, wenn unsere Leine-Residenzler die Italianissimi in Venedig und früher in Mailand nachahmen, so ist das in der That Komödie.

Die Gypsbüsten Georgs V. und seiner Marie, die man früher in jedem Laden stehen sah und die an den Geburtstagen in besonderer Festbeleuchtung und Ausschmückung paradirten, sind schon allenthalben verschwunden, die Broschen und gelbweißen Binden und Schärpen werden ihnen nachfolgen.

Es ist die Schuldigkeit jedes guten Hannoveraners, den Uebergang zu erleichtern, so gut er kann. Wenn das Volk die Nothwendigkeit des Geschehenen nicht begreift, wenn es das Eroberungsrecht nicht anerkennt, wenn es auf andere Tage hofft, in denen die Dynastie zurückkehren könne, so ist das natürlich und anerkennenswerth, weil sich darin der Rechtssinn und das Anhänglichkeitsgefühl unseres Stammes ausprägt.

Aber man muß das Volk eines Besseren belehren, man muß ihm mit der officiösen hannoverschen Zeitung begreiflich machen, daß von dem Tode, den das Hannoverthum oder richtiger Welfenthum, denn wir Hannoveraner bleiben leben, diesmal gestorben ist, keine Auferstehung denkbar sein wird, Preußen müßte denn noch kleiner werden, als nach der Schlacht bei Jena; man muß das Volk belehren, daß zum Glück für Deutschland, kein Napoleon es versuchen wird, dieses Preußen niedertreten zu wollen.

X. Schlußbrief.

Man hat es sich große Mühe kosten lassen, eine Denkschrift zu verbreiten, damit das hannoversche Volk über die bisherige hannoversche Politik eine wirkliche wahrheitsgetreue Aufklärung erhalte. Der Zweck ist verfehlt, Hr. Graf v. Platen-Hallermund hat sich wieder einmal in den rechten Mitteln und Werkzeugen vergriffen. Wie war es möglich, den Hrn. Victor Leo August Rudloff, Legationsrath, in Wien mit der Entwerfung einer Denkschrift zu beauftragen? Hr. v. Platen hätte doch wissen sollen, daß es in Wien ganz andere Dinge für unsern Legationsrath zu thun gab, den Besieger.

Die Rechtfertigung concentrirt sich in dem Satze: „Hannover hat nie österreichische Politik gemacht oder machen wollen, es hat vielmehr lediglich am klaren Bundesrecht festgehalten, und auf Grundlage dieses Rechts die Vermittlung und die Verständigung für die Streitigkeiten der beiden deutschen Großmächte gesucht und zu finden gehofft." „Hätten alle Bundesregierungen dieselbe Politik befolgt, hätten sie der Augustenburgischen Agitation keinen so verderblichen Einfluß auf die Bundespolitik gestattet, und statt der unbedingten Parteinahme für Oesterreich dem deutschen Bunde seine objective Stellung gewahrt, wahrscheinlich wäre dann der Conflict gar nicht entstanden."

Angenommen, das wäre der wahre Standpunkt der hannoverschen Politik gewesen, wie die Minister ja auch in den Kammern behaupteten, Hannover suche zwischen Preußen und Oesterreich zu vermitteln, konnte es eine unpraktischere Politik geben? Man wollte Das, was allein Gegenstand des Streits zwischen den beiden Großmächten war, das Bundesrecht und die Hegemonie Preußens oder Oesterreichs, dadurch schützen und retten, daß man sich eben auf den Boden dieses Rechts stellte. Das Bundesrecht basirt auf dem Grundsatze der Gleichberechtigung aller zum Bunde gehörigen Souveraine, und Preußen verlangte Unterordnung derselben; dieselbe Unterordnung, die factisch fünfzig Jahre in Beziehung auf Oesterreich stattgefunden.

Preußen glaubte die Zeit gekommen, das Unrecht von 1814 und 1815 wieder gut zu machen, den Keil, der ihm ins Fleisch geschoben (Hannover, Braunschweig und Hessen), wenn nicht ganz heraus zu ziehen, doch unschädlich zu machen. Schon hatte Napoleon aller Welt verkündigen lassen, daß er gleichsam seine Erlaubniß dazu gebe, daß Preußen seine schlechte geographische Lage im Norden verbessere, daß es sich arrondire.

Und bei solcher Lage der Dinge wollte Graf Platen zwischen Wien und Berlin vermitteln?

Daß Preußen von Oesterreich nicht etwa den Rest von Schlesien oder einen Theil von Böhmen wollte, sondern daß das, was Preußen wollte, im Norden lag, wußte jedes Kind. — Preußen wollte Schleswig-Holstein und die anerkannte Führerschaft in Deutschland.

Preußen bot im März Hannover Neutralität und garantirte Selbständigkeit, verlangte aber Einfügung in das projectirte deutsche Reich mit deutschem Parlament.

Graf Platen lehnte nicht ab, er nahm aber auch nicht an, er meinte, in die Detailverhandlungen einzugehen, wäre es noch immer Zeit, wenn das Bundesrecht thatsächlich außer Wirksamkeit getreten sei.

Die Denkschrift erkennt es an, daß mit dem Augenblicke, wo das Bundesrecht außer Wirksamkeit trat, mit dem Augenblicke, wo zwischen Oesterreich und Preußen der Krieg ausbrach, Hannover sowohl im Interesse der Dynastie als des Landes eine Neutralität beobachten mußte, welche es von den Wechselfällen des Krieges ausschloß, und welche der Bevölkerung die Lasten und Gefahren des Kampfes ersparte.

Es ist eine Unwahrheit, wenn die Denkschrift behauptet, daß die öffentliche Meinung sich auf das entschiedenste gegen die Neutralität erhoben habe. Wo ist denn das geschehen? Unsere größeren Blätter, die Zeitg. für Norddeutschland, wie der Courier, haben immer für die Neutralität geschrieben, bis sie deshalb verwarnt wurden, und was die Stände anlangt, so sagt die Denkschrift selbst: Geldmittel zur Mobilmachung würden von den Ständen schwerlich zu erlangen gewesen sein; ja, hat nicht der Rub. v. Bennig'sche Urantrag, der die Majorität zweiter Kammer erhielt, laut genug gesprochen? Aber dieser Antrag enthielt zugleich die Forderung, das unfähige Ministerium Platen zu entlassen, und darum hörte man nicht auf ihn.

Wenn der Hr. Legationsrath behauptet, es sei in Hannover nichts geschehen, was auch nur entfernt mit einer Kriegsrüstung habe in Verbindung gebracht werden können, indem die Verlegung der Exercierzeit vom Herbst in das Frühjahr eben keinerlei Bedeutung gehabt habe, so muß ich darauf Folgendes erwiedern.

Man wußte in Hannover ja nicht, wer eigentlich regierte. Wer zuletzt das Ohr des Kriegsherrn hatte, der hatte möglicher Weise auch seinen Willen. Nun war die Einberufung der Reservisten zwar keine Mobilmachung, es ist wahr, es wurden keine Pferdeankäufe gemacht, es wurde das Kriegsmaterial nicht vermehrt, was auch kaum nöthig war, da die Vorräthe überreichlich waren, es war auch an die Stände keine Anforderung gestellt. Diese Einberufung der fünf Einstellungen war eben nichts Ganzes, nichts Halbes.

Aber wer sagt, daß diese Einberufung gar keine Bedeutung gehabt habe, der beweist zu viel. Ich weiß nicht, ob der Gedanke eines Lagers bei Stade, einer Vereinigung der Brigade Kalik und auszuhebender 40,000 Mann Holsteiner lediglich in den Köpfen der hannoverschen Officiere gespukt hat, aber um die Zeit nach Pfingsten war sie allgemein verbreitet, und ich habe mehr als einen höheren Officier gesprochen, der das Hinausbrängeln aus Rendsburg und Holstein recht bald zu rächen glaubte.

Die ganze Sache ist die: man hatte nicht den Muth, offen zu rüsten und doch die Neigung für Oesterreich; man glaubte, Preußen hinhalten zu können, es sogar zu überlisten.

Die Denkschrift gesteht zu, daß Hannover das Anerbieten Oesterreichs, die Brigade Kalif zu hannoverscher Verfügung zu stellen, in den Pfingsttagen gemacht war, sie gesteht zu, daß Hannover jede Cooperation mit den österreichischen Truppen abgelehnt habe, und nur für einen Fall die Unterstützung dieser Truppen in Anspruch genommen habe, für den Fall nämlich, daß während des Durchzugs der Truppen ein Angriff (auf wen?) von Preußen erfolge.

So weit war es also schon gekommen, daß man an die Möglichkeit eines Angriffs von Seiten Preußens dachte, und doch stellte sich Graf Platen auf den Boden des unanfechtbaren völkerrechtlich garantirten Bundesrechtes. Man glaubte am 14. Juni in Herrenhausen, Preußen durch den Bundesbeschluß einschüchtern zu können.

Um dieselbe Zeit marschirten alle hannoverschen Regimenter — in unvollständiger Ausrüstung über Nienburg, Verden nach Rotenburg zu. Was sollte dies Manöver? Wollte man die Truppen nur abhetzen?

Nein, verhehlen wir es uns nicht, man fing an, gegen Preußen zu rüsten, mit demselben Tage wurden sämmtliche Einstellungen eingefordert und ohne ständische Genehmigung wurden Pferdeankäufe befohlen, man wollte in Gemäßheit des Beschlusses erster Kammer dem Friedensbrecher zu Leibe gehen.

Die Erklärung des Hrn. v. Savigny bei seinem Austritt aus dem Bunde brachte die Diplomatie an der Leine noch immer nicht auf den Gedanken, daß der Krieg doch un-

vermeiblich sei, man glaubte durch ein biplomatisches Kunst-
stück eine so correcte Abstimmung zu Wege gebracht zu haben,
daß man sich durch das Bundesrecht geschützt glaubte.

In Hannover sah jedes unabhängige Blatt in der Abstimmung eine Parteinahme für Oesterreich, die Majorität der
zweiten Kammer erklärte sich in einem Urantrage in diesem
Sinne gleichzeitig mit der Sommation, die der Prinz Isen-
burg der Regierung zugehen ließ. Jetzt war die Kriegserklä-
rung da, noch war eine Rettung Hannovers möglich — aber
als Welf, Mensch und Christ konnte Georg V. sich den preußischen Anforderungen nicht unterwerfen. Wahrlich, du hast's
nicht anders haben wollen, muß man sagen.

Fordere deinen Thron zurück von Graf Platen, von Mebing und den Creaturen, die dich in jenen Tagen in erblich
bösem welfischen Eigensinn verstärkten. Amen.

Postscriptum I.

Hannover, 6. Oktober.

Sie werden dem Schreiber der Trostbriefe für Hannover einige Zeilen zur Erwiderung gegen verschiedene Angriffe gönnen, die gegen diese Briefe geäußert sind. Nachdem wir endlich heute feierlichst Preußen einverleibt sind, nachdem heute hier, morgen in allen größeren Städten des Landes das Patent König Wilhelm's vom 3. Okt. und die Proclamation vom selbigen Tage verkündet ist, werden zwar eine Menge der Ungläubigen, welche noch immer den Zeitraum zwischen dem Becher am Munde und dem Trinken selbst für hinreichend hielten, eine Intervention der welfischen Vorsehung oder dergleichen, durch 500,000 Franzosen oder Russen eintreten zu lassen, oder durch eine göttliche Erweichung des Herzens König Wilhelm's zu einer Installation des Kronprinzen Ernst August als König von Hannover zu gelangen, verstummen und sehr bald den Mantel nach dem Winde drehen; allein alle diejenigen, welche gar keinen Begriff von Staat, politischer Macht, geographischer Größe u. s. w. haben, werden noch lange in dem Dunkel gänzlich unbestimmter Gefühle bleiben. Meine Trostbriefe waren nun eben gegen diese Gefühlsmenschen einerseits, hauptsächlich aber gegen jene Eigennützigen gerichtet, von denen heute die N. A. Z. in ihrem Leiter schreibt.

Wer, wie ich, erlebt hat, welche Nachrichten in der Zeit vom 17. Juni bis zum 27. Juni über unser Heer, den König und seine Umgebung ꝛc. hier in Hannover verbreitet wurden, der mußte auf den Gedanken kommen, daß hier weiter nichts helfe, als mit Keulen hineinzuschlagen. Namentlich war die Zeit, Mitte Augusts, wo ich die Briefe für Sie schrieb, eine beinahe lebensgefährliche hier für jeden, der als Preußenfreund auf der Rolle stand. Die Preußenfreunde sollten nicht allein in Celle, sie sollten im ganzen Lande ihre Prügel haben, und ihr Hab und Gut sollte der Plünderung des Pöbels Preis gegeben werden. Die Untersuchung wird den oder die Autoren dieser Aufwieglungen nicht zu Tage fördern, sie sind im österreichischen und ultramontanen Dienste weise und zum Theile weiß geworden. Ich kenne sie doch, wie ich an jedem Colporteur in jener Zeit die nächste Quelle zu entdecken glaubte, aus der er seine Nachrichten hatte.

Im Bewußtsein, daß auch eine Annexion Hannovers, an die ich früher nie gedacht, unter den einmal gegebenen Verhältnissen beinahe geboten schien, und das kleinliche Intriguenspiel des Faiseurs durchschauend — da ich oft hinter die Coulissen geblickt hatte —, schrieb ich die Trostbriefe.

Ihr Zweck war offen ausgesprochen: sie sollten die Schattenseiten zeigen; Leute, welche die Lichtseiten zeigten, gab es in Hannover wie in jeder Stadt und auf dem Lande genug. Es mußten daher zunächst die Schattenseiten der Dynastie und ihrer Umgebung hervorgehoben werden. Wenn ich sonst Persönlichkeiten erwähnt habe, so ist es geschehen, weil sie sich in der einen oder anderen Weise über den ihnen in der göttlichen Weltordnung, um mich officiös auszudrücken, angewiesenen Standpunkt hervordrängten. Derartige Demonstrationen, wie sie später vorkamen, als ich Mitte September die Ergänzungen schrieb, waren damals noch nicht vorgekommen. Ich konnte nur Einzelnes herausreißen, denn den ganzen Quark aller in unserer Residenz versuchten Demonstrationen für das Welfenthum hervorzuheben, hätte einen so großen Umfang erfordert, daß Auswärtige, welche die Personen nicht kannten, vor den Briefen zurückgeschreckt sein würden. Eine Menge Persönlichkeiten sind in der That nur beispielsweise genannt, wie die Bürger Snath, Conrades u. s. w., in der zweiten Auflage der Broschüre sollen sie wenigstens in der Anmerkung und in petit schockweise aufgeführt werden.

Doch zur Sache. Der Hamb. Corresp., das erste Blatt, das zur Zeit des Königs Ernst August hannover'sche Subvention erhielt und dafür die Artikel von Meyer Eichholz, Klenze, dem jetzigen General-Consul in Hamburg, Zimmermann, aufnehmen mußte, ereifert sich in einer Anzeige der Trostbriefe dahin, den Hannoveranern werde dieser Trost schlecht behagen, da er in nichts Anderem als in Schmähungen gegen die gestürzte Dynastie bestehe.

Es ist aber unwahr, daß die Trostbriefe nur Schmähungen enthalten; sie enthalten nur Wahrheiten, und zwar solche Wahrheiten, welche die hohen Herren und die sie umgebenden Schmeichler nicht lieben. Sie enthalten eine Charakteristik des Er-Königs Georg, die dessen Fehler aus angebornen Fehlern der Vorfahren, schlechter Erziehung von der Mutter her und den eigenen Charakterschwächen erläutert; aber man weise mir eine Unwahrheit nach! Die Briefe enthalten viel Persönlichkeiten, aber die Personen machen die Dinge; in einem Kleinstaate, wie Hannover es war, ist ja eben das das Unglück, daß die Dinge sich nicht so gestalten, wie sie sich gestalten sollten, aus ihrer Natur heraus, sondern daß durch die Einmischungen von Persönlichkeiten die Entwicklung hier gehemmt, dort in falsche Bahnen getrieben wird. In keinem Lande z. B. war die Entwicklung einer orthodoxen, frömmelnden Geistlichkeit unnatürlicher, als in Hannover. Will man die Blüthe von Hermannsburg, den neuen Katechismus und andere Erscheinungen erklären, so muß man die einzelnen Personen durchgehen, welche seit 1837 oder länger die Anstellungen, Beförderungen in der Hand gehabt, und die Personen, welche hinter ihnen standen und trieben.

Die Lehre, daß man von den Todten nur Gutes sagen müsse und von den im Unglücke Befindlichen nichts Böses sagen dürfe, ist eine durchaus verkehrte. Da würde die Weltgeschichte eine große Lüge werden. An Panegyrikern hat es niemals gefehlt, Georg V. hat einen Geschichtschreiber in seiner nächsten Umgebung, der Tilly zu einem humanen Helden und Friedrich den Großen zu einem Räuber und Reichsverwüster zu machen wußte: er mag die Angaben meiner Briefe widerlegen.

Wenn der Hamb. Corresp. meint: „das deutsche Volk müsse sich indignirt abwenden von dem Versuche, an den größten Wendepunkt deutscher Geschichte unwürdige Klatschgeschichten à la Vehse anzuknüpfen und daraus politische Belehrungen herleiten zu wollen", so vergißt er, daß dieser Wendepunkt nur groß ist für Preußen, aber sehr klein für Hannover und seine südlichen Nachbarn, daß sich dieser schnelle Fall aber nur durch die Kleinheit ihres Wesens erklärt. Das ganze Leben und Treiben am Hofe und im Staate hing aber auf das innigste mit den Dingen zusammen, welche als Klatschgeschichten bezeichnet werden. Ja, hätte ich **Klatschgeschichten** erzählen wollen, da hätte ich mehr zu erzählen gehabt.

(Aus der Köln. Zeitung.)

Postscriptum II.

Zur Abwehr gegen die Nordd. A. Zeit.

Seitdem diese Briefe geschrieben sind, ist die Geschichte nicht stillgestanden, sie hat sich fortbewegt, nicht nur in äußern Erscheinungen und Wirkungen, vielmehr in den Herzen der Menschen, in den Gesinnungen, Wünschen, Hoffnungen. Wie die Geschmäcke verschieden sind, so sind auch die Trostgründe verschieden, der eine legt sich die Sache so zurecht, der andere auf andere Weise. Ich weiß wohl, daß Preußen nicht um deswillen von Hannover Besitz ergriffen hat, weil das Land nach den Ansichten Vieler schlecht regiert war, ich weiß aber auch, daß die „nationale Bewegung" allein die Einverleibung nicht zu Stande gebracht hat. Denn aus der jüngsten Rede des Königs Wilhelm an die Deputation der Hauptstadt geht noch hervor, daß der Königliche Wille bis auf die letzten 14 Tage schwankend war.

Ob diese letzten 14 Tage zu berechnen von der Zeit wo der König Wilhelm zu dem Stadtdirector Rasch sprach, oder von dem Tage da die Proclamation und das Besitzergreifungspatent verkündet war (den 6. Oct.), oder von dem Tage da der Annerionsgesetzentwurf die Genehmigung des Königs erhielt, wäre zwar interessant zu wissen, allein ganz abgesehen davon muß man es als eine unumstößliche Gewißheit annehmen, daß das Geschick Hannovers, seine Einverleibung oder Selbstständigkeit in der Form des Norddeutschen Bundes, nicht „von der fortschrittlichen Entwicklung der deutschen Nation, der jeder Stamm diese Opfer zu bringen", abhing, wie die N. A. Z. uns in der Sonntagsnummer vom 28. Oct. glauben machen will, sondern von einem Willensacte König Wilhelms. An eine Nothwenbigkeit der Einverleibung ist zu zweifeln gewiß um so mehr erlaubt, als offenbar in Preußen selbst man erst später an die Einverleibung dachte.

Als man im Juli und August unsere Zeughäuser, Kasernen u. s. w. bis auf den Nagel in der Wand ausräumte, als man bei Stabe werthvolle eiserne Lavetten zerschlug und als altes Eisen verkaufte u. s. w., dachte man noch nicht an eine Einverleibung, man wollte Kriegsbeute machen; der Einverleibungsgedanke kam erst als Georg V. durch Graf Platen, Meding, O. Klopp bewogen wurde nach Wien ins Lager des schon geschlagenen Feindes zu reisen. Eine geschichtliche Nothwendigkeit kommt nicht über Nacht, der Gedanke einer Mission Preußens im Sinne der N. A. 3. läßt sich ziemlich genau bis ins Hardenbergsche Cabinet und weiter auf Stein zurückführen, dann haben Männer wie A. Ruge ihn vor 30 Jahren gehätschelt und sind dafür in Preußen als Verräther angesehen, dann hat Rabowitz König Wilhelm IV. damit aus seiner Romantik ohne bestimmtes Ziel aufgestachelt und eine große Anzahl Professoren sind bemüht gewesen diese Mission Preußens von den Kathedern zu predigen, während das deutsche Volk nur von einer Mission Preußens zum Kaiserthum unter einer verbesserten Reichsverfassung etwas wissen wollte.

Genug, der Gedanke eines norddeutschen Bundes hat für den Schreiber dieser Briefe nichts sehr verlockendes gehabt, er war Partikularist der den Bundesstaat wollte, indem er den Staat Hannover für lebensfähig ansah.

Als das Geschick — (wir wollen vorläufig die allgemeine Bezeichnung beibehalten, in nicht ferner Zukunft können wir die Mächte oder Individuen, die das Geschick repräsentirten, wahrscheinlich genauer bezeichnen), uns den Einheitsstaat statt des Bundesstaats brachte, da war ich mit dem Geschicke unzufrieden.

Ich suchte mir die Situation klar zu machen und fand mich durch drei Gedanken wesentlich getröstet: 1) wenn ich an das Unglück dachte, das für ganz Deutschland entstanden wäre, wenn Oesterreich mit seinen Bundesgenossen eben so vollständig über Preußen gesiegt hätte als es umgekehrt der Fall war. Deutschland noch mehr zerrissen und unter der Concordatsherrschaft Oesterreichs, das sich von Rom nicht losmachen will und kann! Die Mittleren, Georg V. an der Spitze, dem rothen Absolutismus in die Arme stürzend, eine Herrschaft von Büreaukraten und Pfaffen, alle nach der Pfeife des absoluten Herrschers tanzend. Ein Siegesfackeltanz am Hofe, geführt vom Grafen Platen, der versöhnt mit Borries, Hand in Hand mit Wermuth, v. Brandis, Rubloff, Meding, Onno Klopp, den Damen † † † u. s. w. Wem war damit gedient?

2) Wenn ich daran dachte, daß Georg V. nicht zum Herrscher geboren sei, daß die Natur ihn blind werden ließ und ihn ein weiches gefühlvolles Herz gab, aber kein Zeug zum Herrschen, daß wir unter ihn, Vater und Großvater schlecht regiert waren.

3) Wenn ich mir eine Unterordnung Georg V. unter Preußen nach dem Programm vom 11. Juni dachte. Ich habe mir den Gedanken sehr concret vorgelegt. Georg V., habe ich gedacht, sei von Langensalza nicht nach Thüringen sondern mit seinem Sohne Ernst August nach Berlin gegangen, und habe als Sohn der Schwester der Königin Louise sich ernstlich mit König Wilhelm versöhnt, auch Garantie gegeben, daß Hannover in Zukunft treu zu Preußen stehen werde. Das Ministerium sei entlassen, Rudolph v. Bennigsen sei zum Premier-Minister und Minister des Innern, Roscher zum Justiz-Minister, Miquel zum Cultus-Minister, Erxleben zum Finanz-Minister ernannt u. s. w., eine neue Verfassung sei vorgelegt unter Berücksichtigung des Parlaments und der beschränkteren Competenz, freisinnig wie die liberale Partei sie gewünscht,

mit Berücksichtigung der Aristokratie so weit sie auf Grundbe=
sitz basirt, sei von dem Minister vorgelegt und den Ständen
schon genehmigt, die Gesetze welche Graf Borries geschaffen,
um mit ihnen leichter regieren zu können, seien beseitigt, die
Provinziallandschaften sogar in mehr stüveschem Sinne refor=
mirt, kurz die äußere Form der Verfassung entspräche ganz dem
Ideale eines Fortschrittmannes. Würden wir glücklicher ge=
worden sein, oder glücklicher geworden wenn Georg V. abge=
dankt, der Kronprinz zur Regierung gekommen und daßelbe
eingetreten wäre was ich bisher geschildert? —

Ich habe diese Frage mir mit N e i n beantwortet, weil
ich eben den Charakter Georgs V. zu kennen glaube, und weil
ich gegen die Regierung des Kronprinzen alle die Bedenken
für begründet halte, die Bacmeister (nicht Graf Borries, wie
man irrthümlich glaubte) Ende Juli in der Hannov. Landes=
zeitung dargelegt hatte.

Zwischen einem König, der eine Reihe von Jahren ziem=
lich absolut regiert hatte, und einem liberalen G e s a m m t=
Ministerium war kein Friede möglich. Das Gefühl seine
Souveränität zum Theil verloren zu haben, ließ es niemals
zu einer Resignation in Georg kommen. Er würde hinter dem
Rücken seiner Minister und Räthe mit Beust und Wien con=
spirirt haben. An das Land wären ganz enorme Anforderun=
gen blos gestellt, für Wiederbeschaffung eines Armeematerials,
neue Bewaffnung mit Hinterladgewehren, Organisation der
Truppen nach preußischem Muster. Die Ansprüche an äuße=
ren Glanz und Hoheitsschein würden sich nicht gemäßigt
haben. Die Umgebung des Königs würde nicht aufgehört
haben die glücklichen alten Zeiten zu preisen und auch sonst
Oel ins Feuer zu gießen.

Ich habe durch diese Gedankenfolge wesentlich Trost ge=
schöpft und glaubte, daß viele meiner Mitbürger vielleicht in
demselben Gedankengange Trost fänden. Wenn das Bismarck'=

sche Organ meint, „jedenfalls sei es ein schlechter Trost, wenn man die Leute, welche durch achtungswerthe Bande des Gefühls und der staatlichen Gewohnheit an die ehemalige Dynastie geknüpft waren, damit zu beruhigen suche, daß man ihnen sage, niemals sei ein Land schlechter regiert gewesen als Hannover unter den Welfen," so ist die Schlußfolgerung nicht ganz richtig.

Abgesehen davon, daß Letzteres an keiner Stelle der Trostbriefe gesagt ist, und wir in Hessen ein Nachbarland hatten, das in vielen Beziehungen noch viel schlechter regiert war, als Hannover, stimmt es wenig mit den sonstigen Lehren der N. A. Z., auf einmal den Banden des Gefühls und staatlicher Gewohnheit das Wort zu reden. Gefühl und Gewohnheit mögen an sich achtungswerth sein, aber in der Politik haben sie die Bedeutung verloren. König Wilhelm selbst hat das deutlich ausgesprochen, die Gefühle verwandtschaftlicher Verhältnisse ic. mußten politischen Erwägungen weichen. Ich bin darin der Ansicht Ruge's der uns Deutschen in seinem offenen Briefe vom 23. Juni d. J. zurief: „in der Politik ist Gefühl und Widerwille nicht am Platze, in der Politik könnt Ihr Euren Herzen nicht folgen." *)

„Man begeht keine Heldenthat, denen noch persönlich Wehe nachzurufen, auf welchen die Hand des Schicksals schwer lastet", sagt das Bismard'sche Organ weiter. Wir machen Rückschritte! Alles was man an dem AbgeordnetenHause, an der Nationalzeitung und Volkszeitung, an der gesammten süddeutschen Presse seit Jahren tadelte, Gefühls-

---

*) Seit dies geschrieben war hat dieselbe Zeitung die Lehre aufgestellt, daß der Staat nicht einmal der Herrschaft des Rechts und der Moral unterworfen sei, daß er das Recht durchbrechen, sich ihm entziehen könne, sobald sein Interesse (d. h. das wahre Interesse Aller) dies erfordere.

politik, wird hier in Schutz genommen, man wird sogar sentimental!

Mit dem Verfasser der Trostbriefe hat es nun außerdem noch die Bewandtniß, daß er denen, auf welchen jetzt die Hand des Schicksals schwer lastet, dasselbe was er heute sagt, ins Gesicht gesagt hat, soweit dies Preßgesetze und sonstige Gelegenheiten gestattete, als sie in der Fülle ihrer Macht und von byzantinischen Weihrauchsfässern umräuchert wurden.

Daß das Organ des Herrn v. Bismarck unsere Bundesgenossenschaft mit etwas mißtrauischen Augen ansieht bezweiflen wir nicht, denn in der That werden wir die Klagen über Mißregierung erneuern, wenn wir uns auch als Preußen schlecht regiert fühlen. Wir sind länger als dreißig Jahre gewöhnt den leisesten Schenkeldruck oder Zügelregiment am Staatsrosse zu fühlen, wenn es gilt, dasselbe zum Absolutismus zu lenken; wir haben keinen Augenblick geglaubt in Preußen ein liberales Musterregiment zu finden, sondern uns darauf gefaßt gemacht, daß der große Sieg den Preußen mit seiner militärischen Volkskraft errungen hat, dasselbe leicht verleiten könnte, das Machtregiment im Innern von Neuem beginnen zu lassen, oder uns classisch auszudrücken, den innern Düppel zu stürmen.

Allein Graf Bismarck weiß, daß es mit der Verschmelzung der annectirten Länder nicht funfzig Jahre Zeit hat, wie man mit Sachsen, den Rheinlanden 2c. Zeit hatte. Die Stunde der Prüfung kann sehr schnell kommen, und in solchen Stunden erst wird sich bewähren was Intelligenz, und was Illusion, Aberglaube, Bande des Gefühls, staatliche Gewohnheit zu der 1000 jährigen Dynastie, zu leisten vermögen. Wer die Hülfe der ersten überall in Anspruch nimmt darf ihren Kampf gegen das zweite nicht bemäkeln.

Postscriptum III.

Einen Trost, an den ich bei Niederschreiben meiner Briefe in der That kaum denken konnte, gewährt das Gebahren derer, die durch unklare Gefühlspolitik, oder durch die Politik des reinen Eigennutzes sich berufen gefühlt haben Demonstrationen zu machen.

Die Buden- und Ladenbesitzer und Miether an den künftigen Hannoverschen Boulevards, der Georgsstraße 2c. mit ihren Ladenausschmückungen und dem weißgelben Streusand — die Versuche einer chevalleresken Abschiedsdemonstration bei der Uebersiedelung nach der Marienburg, die Kronprinzadresse, die Wiener Deputation, die Landestrauer u. s. w., sie sind alle in ihr Gegentheil umgeschlagen.

Eine lustige Episode aus der Reise der Wiener Deputation, die Tischreden beim Diner in Hietzing, die mir nach den Erzählungen eines Mitgliedes der Deputation zugegangen, muß ich zur Zeit unterdrücken, da diese Postscripte mehr dem Ernste der Dinge als dem Humor gewidmet sind.

Dieser Ernst der Dinge tritt uns vor Allem in einem Aktenstücke entgegen, das im Hannoverschen nicht vollständig bekannt geworden ist, da den Zeitungen verboten war, es mitzutheilen — auswärtige Zeitungen, namentlich die A. A. Z. u. a. haben es aber vollständig gebracht und ich fühle mich verpflichtet mindestens den Schluß dieses Protestes hier abdrucken zu lassen, weil derselbe das Charakterbild, das ich von Georg entworfen, rechtfertigt. Der Protest, an alle auswärtigen Mächte gerichtet, beginnt mit einer Geschichtserzählung, die ein Auszug aus den oben erwähnten Platen-Rubloff'schen Memoire ist, erwähnt nicht die Abstimmung vom 14. Juni, nicht die Kämpfe gegen Preußen, die Versuche sich mit Bayern in Verbindung zu setzen, die Reise Onno Klopp's ins Bayersche Hauptquartier. Selbst die Schlacht von Langensalza und die Capitulation erhält hier untergeordnete Bedeutung.

„Angesichts der angeführten Thatsachen protestiren Wir laut und feierlich gegen die nicht zu rechtfertigende Invasion in Unser Land, die sich die Armeecorps des Königs von Preußen am 15. Juni und den folgenden Tagen erlaubt haben; gegen die Occupation Unseres Königreichs durch diese Truppen, gegen die Usurpation Unserer Rechte und Prärogative, welche die Agenten Preußens verübt haben und noch weiter verüben könnten; gegen die Beschädigungen an Unserem Eigenthum, Unseren Einkünften und Gütern jeglicher Natur, welche Wir an Unser königliches Haus von Preußen erlitten und noch weiter erleiden würden; gegen die Beraubung, welche der hannoversche Staatsschatz unter der preußischen Verwaltung erfahren und noch ferner erfahren würde; gegen die Verfolgungen, Verluste und Benachtheiligungen, denen Unsere treuen Unterthanen in Folge der ungerechten und ungesetzlichen Acte der Verwaltung des Königs von Preußen ausgesetzt waren oder in der Folge werden könnten; gegen die Hindernisse, welche die genannte Verwaltung auf brutale Weise den Kundgebungen Unserer vielgeliebten Unterthanen für die Erhaltung Unserer Dynastie und der Unabhängigkeit Hannovers in den Weg gelegt hat, während sie durch die unlautersten Kunstgriffe Kundgebungen im entgegengesetzten Sinne hervorgerufen und begünstigt hat; gegen den bösen Willen des Königs von Preußen, welcher die Schritte zurückgewiesen hat, die Wir bei ihm oder seiner Regierung gemacht oder zu machen befohlen, um den Frieden zwischen Uns herzustellen.

„Schließlich protestiren Wir vor Allem Angesichts der ganzen Welt gegen die Besitzergreifung Unseres Königreichs und dessen Einverleibung in Preußen, welche als endgültig vollzogen den 20. September d. J. angekündigt wurde, sowie gegen alle Folgen dieses Actes, indem Wir erklären, daß diese Einverleibung oder Annexion eine unwürdige Usurpation, ein verbrecherischer und verabscheuungswürdiger Raub, eine flagrante Verletzung der europäischen Verträge, aller Grundsätze des Völkerrechtes und der Unverletzlichkeit der Staaten und Kronen ist.

„Diese feierliche Erklärung, die Wir auch für Unsere gesetzlichen Nachfolger ablegen, hat auch vorzugsweise den Zweck, jeden Angriff auf die Souveränitätsrechte abzuwehren, die Uns kraft des Erbfolgerechtes gebühren, und die von allen Mächten Europas sanctionirt und garantirt wurden.

„Wir rufen die Unterstützung aller Mächte an, welche Unsere Souveränität und die Unabhängigkeit Unseres Königreichs anerkannt haben, in der Ueberzeugung, daß diese niemals Macht vor Recht gehen lassen werden, da ein derartiges Princip, heute von Preußen angewendet, in Zukunft die Existenz aller Monarchien und aller legitimen Staaten der Welt bedrohen könnte.

„Wir erklären schließlich, daß Wir niemals auf die Souveränitätsrechte über Unser Land verzichten werden, und daß Wir stets für ungesetzlich, null und nichtig all jene Acte ansehen werden, welche die preußische Regierung oder ihre Agenten daselbst vollzogen haben oder noch vollziehen werden in Folge der Usurpation, deren Verantwortlichkeit Wir auf denjenigen zurückweisen, der ihr Urheber ist.

„Mögen sich alle Diejenigen, die dabei betheiligt sein könnten, davon für benachrichtigt halten.

„Wir sehen den künftigen Ereignissen mit vollem Vertrauen in die Gerechtigkeit Unserer Sache entgegen und sind von der festen Hoffnung beseelt, daß die göttliche Vorsehung nicht säumen wird, den arglistigen Anschlägen, Ungerechtigkeiten und Gewaltacten ein Ziel zu setzen, deren Opfer mit

Uns und Unseren tapferen Hannoveranern noch so viele Staaten und so viele Völker geworden sind."

Hietzing bei Wien, 23. Sept. 1866.

Georg Rex.

(gez. Graf Platen-Hallermund.

Die Proclamation und der Protest leidet nun einmal formell an einem wesentlichen Mangel der dieselbe für die Hannoveraner unter allen Bedingungen als nicht erlassen erscheinen lassen muß. Da ein Blinder nie weiß welche Art von Scriptum er unterschreibt, da man ihn etwas anderes vorlesen kann als geschrieben steht, so betrachtete es schon Ernst August als eine Unerläßlichkeit, einen modus zu erfinden, durch welchen festgestellt würde, daß das, was dem Könige vorgelesen, nun auch identisch sei mit dem was er unterschriebe. Durch Patent vom 3. Juli 1841 bestimmte Ernst August, daß von 12 zu dieser Handlung eidlich verpflichteten Personen, zwei außer den betreffenden Ministern gegenwärtig sein müßten, um nachdem einer dieser Beglaubigungsleute das betreffende Document seinem ganzen Inhalte nach dem blinden Könige vorgelesen, daß dies geschehen sei, und daß die Unterzeichnung eigenhändig erfolgt sei, zu bezeugen.

Durch Verordnung vom 24. November 1850 wurde die Sache vereinfacht, die 12 Beglaubigungspersonen fielen fort, es brauchte nur einer der bei den Ministerien angestellten Generalsecretaire zugegen zu sein um zu bezeugen, daß die Ausfertigung nach erfolgtem Vortrage des Inhalts von Sr. Majestät eigenhändig unterschrieben sei. Erst neben diesem Acte habe die Contrasignatur des Ministers eine Rechts-Bedeutung.

Durch Verordnung vom 24. Novbr. 1857 bestimmte Georg V. dann selbst, daß der Generalsecretair des Gesammt-Ministeriums (damals Hr. Zimmermann) auch wenn er nicht zugleich Gen.-Secretair in einem Departements-Ministerium sei, die fragliche Function versehen dürfe.

Nun ist der Protest nur gegengezeichnet von dem Grafen Platen, nach §. 6 der Verordn. vom 24. Novbr. 1850 sind aber Königliche Erlasse, bei welchen die erwähnten Formen unbeobachtet sind, unverbindlich.

Der König mußte, um überall Regierungshandlungen mit verbindlicher Kraft vornehmen zu können, einen der Generalsecretaire als Beglaubigungsperson um sich behalten.

Ich würde auf die Sache überall kein Gewicht legen, wenn sie nicht klar bewiese, welcher Widerspruch mit dem Gesetze der Natur überhaupt es ist, einen Blinden zur Herrschaft über ein Volk kommen zu lassen.

Sofern der Protest gegen das Thun Preußens gerichtet, sagen wir nur das eine, er ist resultatlos; so lange ein ewiger Friede nicht garantirt ist, so lange Krieg existirt, muß sich der Schwächere dem Mächtigern fügen, in Freundschaft und mit guter Miene zum bösen Spiel, wenn er klug ist. Wer aber selbst Krieg führt, der setzt sich der Gefahr aus, debellirt zu werden.

Sofern aber der Protest uns Hannoveraner angeht, sofern es heißt: „Wir erklären, daß Wir niemals auf die Souverainitäts-Rechte über Unser Land verzichten werden und daß Wir stets für ungesetzlich, null und nichtig u. s. w.," sofern sodann die Drohung ausgesprochen: „mögen sich alle diejenigen, die dabei betheiligt sein könnten, davon für benachrichtigt halten;" so müssen wir unsererseits dagegen protestiren.

Souverain sein über Land und Leute, die man nicht hat, Kriegsherr sein wollen ohne Armee, befehlen, wo man nicht die Macht hat, den Ungehorsam zu bestrafen, heißt mit einem Messer ohne Klinge fechten.

Das Unterthanenverhältniß eines großen Theils des Landes war dem Großvater Georgs gegeben durch den Willen der europäischen Mächte, durch die Verträge von 1815, durch sie wurde das Unterthanen- und Herrscherverhältniß in den alten Provinzen auch wieder hergestellt. Will man das als einen Act von Gottes Gnaden bezeichnen, so muß man mit der Kreuzzeitung auch die Debellatio als solchen Act anerkennen.

Unsere Frommen trösten sich denn auch damit: „Gott hat es zugelassen, die Wege des Herrn sind unerforschlich, gepriesen sei der Herr".

Postscriptum IV.

Ein Trost für die Verständigen lag in der Versammlung früherer Deputirter, Magistrats-Mitglieder und Bürgervorsteher, die am 30. Septbr. und 1. Octbr. versammelt waren. Da waren sämmtliche größere Städte, die meisten in dreifacher Beziehung durch ihre bisherigen ständischen Vertreter, durch ihre Magistrate und ihre Bürgervorsteher vertreten, die Städte Hannover, Hildesheim, Osnabrück, Celle, Lüneburg, Harburg, Uelzen, Göttingen, Einbeck, Hameln, Stade, Verden, Nienburg, die hoya'schen Flecken, Osterode, Norden, Quackenbrück. Es war vertreten der calenbergsche, lüneburgsche, osnabrückshe, hoya-diphholzische, der bremische und bremen-verbnische, wie der hildesheimische Bauernstand, und diese alle erklären dem Proteste des Georg Rex gegenüber die Vereinigung Preußens mit Hannover für eine historische Thatsache. Sie erklären:

„Mag auch die Bevölkerung Hannovers gleich uns, die wir durch das Vertrauen unserer Mitbürger gewählt, zum Theil zur Zweiten Kammer der aufgelösten Ständeversammlung abgeordnet waren, zum Theil den städtischen Collegien des Landes angehören, zunächst einen Entwicklungsgang der deutschen Angelegenheiten erhofft und angestrebt haben, bei welchem die Selbständigkeit des Königreichs Hannover nicht aufgehoben wurde; so können und wollen wir uns doch nicht der Ueberzeugung verschließen, daß die Ausdehnung des preußischen Staatsgebietes und die Begründung des Norddeutschen Bundes unter Preußens Führung einen mächtigen Fortschritt zur einheitlichen Zusammenfassung der Kräfte Deutschlands bilden, und so Gott will, in nicht zu ferner Zukunft zur Einheit Deutschlands führen werden. Wir Hannoveraner wollen insbesondere mit Zuversicht eintreten in das große Leben eines Staats, an dem die Zukunft Deutschlands hängt, und in männlicher Kraft und Energie an den großen Aufgaben freudig mitarbeiten, welche die Geschichte Deutschlands ihm gestellt hat."

Die Unterzeichneten, die ja damals die Proclamation des Königs Wilhelm noch nicht kennen konnten, sprachen sich über die Erwartungen des schonenden Ueberganges und der Erhaltung der berechtigten Eigenthümlichkeiten des Landes ziemlich vage und allgemein aus. Daher mag es gekommen sein, daß die hannoversche Presse, mit Ausnahme der Ztg. f. N., die durch den Umstand, daß einer ihrer Mitredacteure zugleich in der Versammlung saß, bevorzugt war, die Sache nicht allein lau behandelte, sondern ihr den Makel des „zu spät" anhängte.

Hätte man die Vertreter der Presse zugelassen, so würden dieselben ganz gewiß über die Gründe, warum die Versammlung so spät berufen worden, Aufklärungen erhalten haben, wie auch über die Gründe, warum man in positiven und präcisirten Anforderungen kaum so weit gehen wollte, als es die Ansprache an die Hannoveraner, die daneben erlassen wurde, that.

Ob die Presse dadurch genugsam instruirt worden, vermag ich nicht zu beurtheilen, jedenfalls ist zu beklagen, daß sie selbst bis auf den heutigen Tag, wo sie dürre Extracte aus den Schriften Bening's und Stüve's bringt, nichts gethan hat, die zu rettenden Eigenthümlichkeiten in lebensvoller Darstellung vorzuführen.

Wenn wir in Hannover eine Verfassung gehabt hätten wie in Hessen-Cassel, so wäre man gewiß schnell einig geworden, aber mit einer ersten Kammer, wie sie im Sommer versammelt war, nochmals und in Gemäßheit einer so verschleppenden Geschäftsordnung Uebergangszustände, wie Regulirung der Finanzen für alle Zukunft zu bearbeiten, das möchte zu Resultaten geführt haben, die selbst Stüve nicht behagten.

Postscriptum V.

Den besten Trostbrief für die Hannoveraner hat König Wilhelm geschrieben, das ist die Proclamation vom 3. Oktbr. Sie lautet:

Durch das Patent, welches Ich heute vollzogen habe, vereinige Ich Euch, Einwohner der — Lande, mit Meinen Unterthanen, Euren Nachbarn und deutschen Brüdern. Durch die Entscheidung des Krieges und durch die Neugestaltung des gemeinsamen deutschen Vaterlandes nunmehr von einem Fürstenhause getrennt, dem Ihr mit treuer Ergebenheit angehangen, tretet Ihr jetzt in den Verband des Nachbarlandes, dessen Bevölkerung Euch durch Stammesgemeinschaft, durch Sprache und Sitte verwandt und durch Gemeinschaft der Interessen befreundet ist. — Wenn Ihr Euch nicht ohne Schmerz von früheren, Euch lieb gewordenen Verhältnissen lossagt, so ehre Ich diesen Schmerz und würdige denselben als eine Bürgschaft, daß Ihr und Eure Kinder auch Mir und Meinem Hause mit Treue angehören werdet. Ihr werdet die Nothwendigkeit des Geschehenen erkennen. Denn sollen die Früchte des schweren Kampfes und der blutigen Siege für Deutschland nicht verloren sein, so gebietet es eben so die Pflicht der Selbsterhaltung, als die Sorge für die Förderung der nationalen Interessen, Hannover mit Preußen fest und dauernd zu vereinigen, und — wie schon mein in Gott ruhender Herr Vater es ausgesprochen — **nur Deutschland hat gewonnen, was Preußen erworben.** — Dieses werdet Ihr mit Ernst erwägen und so vertraue Ich Eurem deutschen und redlichen Sinne, daß Ihr Mir Eure Treue eben so aufrichtig geloben werdet, wie Ich zu Meinem Volke Euch aufnehme. — Euren Gewerben, Eurem Handel und Eurer Schifffahrt eröffnen sich durch die Vereinigung mit Meinen Staaten reichere Quellen. Meine Vorsorge wird Eurem Fleiße wirksam entgegen kommen. — Eine gleiche Vertheilung der Staatslasten, eine zweckmäßige energische Verwaltung, sorgsam erwogene Gesetze, eine gerechte und pünktliche Justizpflege, kurz alle Garantien, welche Preußen zu dem gemacht, als was es sich jetzt in harter Probe bewährt hat, werden Euch fortan gemeinsame Güter sein. — Eure kriegstüchtige Jugend wird sich Ihren Brüdern in Meinen andern Staaten zum Schutze des Vaterlandes treu anschließen, und mit Freude wird die preußische Armee die tapfern Hannoveraner empfangen, denen in den Jahrbüchern deutschen Ruhmes nunmehr ein neues größeres Blatt eröffnet ist. — Die Diener der Kirchen werden auch fernerhin die Bewahrer des väterlichen Glaubens sein. — Euren Lehranstalten, den vieljährigen Pflegerinnen deutscher Kunst und Wissenschaft, werde ich Meine besondere Aufmerksamkeit widmen, und wenn der preußische Thron, je länger desto mehr, als **der Hort der Freiheit und Selbstständigkeit des deutschen Vaterlandes** erkannt und gewürdigt wird, dann wird auch Euer Name unter denen seiner besten Söhne verzeichnet werden, dann werdet auch Ihr den Augenblick segnen, der Euch mit einem größeren Vaterlande vereinigt hat. Das walte Gott!

Wilhelm.

Die Sprache ist ohne Schwulst, einfach und edel, sie muß zu den Herzen der Denkenden dringen. Sie wird nicht Alle von der Nothwendigkeit des Geschehenen überzeugen, aber sie muß Jedermann davon überzeugen, daß die Einverleibung geschehen ist. Die vollendete Thatsache ist da, das Geschehene ungeschehen zu machen läge nicht einmal mehr in der Hand König Wilhelms.

Die Versicherung des Patents:

„Wir werden Jedermann im Besitze und Genusse seiner wohlerworbenen Privatrechte schützen und die Beamten, welche für Uns in Eid und Pflicht zu nehmen sind, bei vorausgesetzter treuer Verwaltung im Genusse ihrer Diensteinkünfte belassen. Die gesetzgebende Gewalt werden Wir bis zur Einführung der Preußischen Verfassung allein ausführen.

Wir wollen die Gesetze und Einrichtungen der bisherigen Hannoverschen Lande erhalten, soweit sie der Ausdruck berechtigter Eigenthümlichkeiten sind und in Kraft bleiben können, ohne den durch die Einheit des Staats und seiner Interessen bedingten Anforderungen Eintrag zu thun."

giebt uns einen Halt während des Uebergangsjahres. Es wird von uns abhängen, wie wir ihn benutzen. Männer wie Stüve und Bening u. a. haben uns den Weg angewiesen. Verfolgen wir ihn und suchen wir uns sobald als möglich eine Provinzialvertretung mit Befugnissen zu verschaffen, die der Preußischen Verfassung nicht widerstreben.

Postscriptum VI.

Wenn ich irgend etwas zur Rechtfertigung der Charakteristik des entthronten Georg Rer anführen könnte, so wäre es die Broschüre: Hannovers Schicksal vom Juni bis September 1866, als deren Verfasser man den Erbland-Marschall Graf Münster seit Wochen öffentlich benannt hat, ohne daß eine Gegenerklärung erfolgte.

Wer auch der Verfasser sein mag, er hat unbedingt dem Könige Georg lange Zeit näher gestanden als der Schreiber der Trostbriefe, er ist ihm und der welfischen Dynastie verpflichteter wie dieser. Wenn es aber der Graf Münster selbst sein sollte, so hat der Vater desselben durch die unglückselige Angstpolitik, die von 1818—1830 auf seine Veranlassung befolgt wurde, eine so große Schuld auf sich geladen, daß allein dadurch Vieles von den Schultern Ernst Augusts und Georgs V. abgenommen wird.

Im Ganzen stimmt der Hochgestellte dem Niedrigergestellten, dem Großsohne eines Eigenbehörigen aber bei. Er sagt zwar: „daß der König an Verstand, Herz und Gedächtniß ein ganz ausgezeichneter Mann ist, daß er in dem Glauben gehandelt hat, treu seine Pflicht gegen sein Land zu erfüllen, wird Jeder zugeben, der ihn kennt."

Aber der hinkende Bote kommt nach: „es ist nicht zu verkennen, daß er sich die Welt anders denkt, als sie ist, daß er in Illusionen lebt, daß er, da er den Schmeichler nicht sieht, aber hört, der Schmeichelei zugänglich und mißtrauisch (gegen wen? gegen die ehrlichen Leute natürlich!) wurde, dadurch die Menschen falsch beurtheilte."

Ferner wird gesagt: „daß die merkwürdigen Erfolge, die der König während seiner Regierung gehabt (daß es ihm gelang, die Verfassung von 1848 umzustürzen und sein königlich Wort zu brechen? oder welche Erfolge sonst?) ihn eigenwillig, eigensinnig machten und ihm einen ganz falschen Maßstab seiner Macht gaben."

Ob man dem Grafen v. Borries die ganze Schuld geben darf, bezweifle ich sehr. Was hat denn der Verfasser des Manuscripts gethan, seit 1852 gethan, um den guten König aufzuklären? Warum hat er, der sich eines beinah eben so großen Geschlechtsalters rühmt, als die Welfen selbst (vgl. Lebensbilder aus den Befreiungskriegen), dem Könige nie gesagt, daß es einem Dynastengeschlechte, das 1000 Jahre mit seinem Volke vereinigt gewesen, v o r A l l e m g e b ü h r e , b e m V o l k e t r e u b a s k ö n i g l i c h e W o r t z u h a l t e n ? Der Schreiber der Trostbriefe ist überzeugt, daß ohne die Verordnung vom 1. Aug. 1855, wenn Georg V. der Stüve'schen Adresse vom Juli nachgelebt, die Einmischung des Bundestags zurückgewiesen, sich mit einem Ministerium nach Wunsch des Volkes umgeben hätte, derselbe heute nicht allein auf dem Throne seiner Väter säße, sondern, daß Hr. v. Bismarck Anforderungen, wie die vom 11. Juni an Hannover, kaum gestellt hätte. Wenn selbst Zimmermann, seit 1854 Leiter der welfischen Politik, unbedingte Neutralität anrieth, wie sollte jedes Ministerium, außer einem so bornirten Minister Platen, nicht zu derselben Politik gerathen haben?

Abgesehen von diesen geringen, durch den verschiedenen Standpunkt bedingten Ausstellungen, theile ich in allen Beziehungen die Ansichten des anonymen Verfassers, wer das auch sein möge, namentlich unterschreibe ich alles, was derselbe in Beziehung auf die europäische Lage gesagt. Es ist die Brochüre auch ein Trostbrief für Hannover, ein Trostbrief, der, weil er von gräflicher Hand geschrieben ist, wahrscheinlich auf Viele einen bessern Eindruck macht, als meine Trostbriefe. Als ich diese schrieb, da konnte ich weder erwarten, noch hoffen, daß ich von s o l c h e r Seite unterstützt wurde. Ich danke für diesen unvermutheten Beistand.

Postscriptum VII.

Der Uebergang der königlichen Dienerschaft hat sich leichter bewerkstelligt, als sich im August, wo man in allen Staatsdienerkreisen lediglich die Eidesfrage discutirte, erwarten ließ. Es hat dazu offenbar die Bekanntmachung der fünf General=

secretaire der Departements-Ministerien viel beigetragen, daß
Georg V. alle Unterthanen im Königreiche Hannover
und insbesondere alle im königlichen Civildienste, im geistlichen
und Lehramte Angestellten, von den im Unterthanenverbande
oder im Dienst und Amt begründeten, durch Huldigungs- oder
Diensteid bekräftigten Verpflichtungen gegen den König und
seine successionsfähigen Nachfolger allergnädigst entbunden
habe, unter Vorbehalt des Wiederauflebens dieser Verpflich=
tungen bei dem Eintritt eines post liminii, einer Wiederein=
setzung der Welfendynastie.

Es hat diese Bekanntmachung nun freilich keinerlei offi=
ciellen Charakter; es ist eine einfache Relation über einen Her=
gang, von dem man nicht erfährt, ob er bei Gelegenheit einer
mündlichen Erörterung als eine Ansicht Georgs V. ausge=
sprochen ist, oder ob derselbe in der gesetzmäßigen Form eines
königlichen Erlasses, also schriftlich, nach gehöriger Vorlesung
und unter Beglaubigung eines Generalsecretairs und Contra=
signatur eines Ministers geschehen ist.

Allein es ist sehr erklärlich, daß Preußen einen Regie=
rungsact Georgs V. nicht anerkennen konnte, seine Bekannt=
machung nicht zulassen durfte, und daß daher nichts übrig
blieb, als diese allerdings ganz ungewöhnliche Form, die jeder
juristischen Beurtheilung sich entzieht. Daher war es denn
auch möglich, daß von Wien aus die Entbindung von dem
Eide dementirt werden konnte.

An der Richtigkeit des Referats wird in Hannover Nie=
mand zweifeln, denn die unterzeichneten Namen bürgen mehr
für die Aechtheit als Verification oder Contrasignatur oder
Siegel. Wie leicht man es mit der Form nimmt, wenn die
Sache erwünscht ist, das hat sich abermals gezeigt.

Man hat sich Oben und Unten dem Unvermeidlichen ge=
fügt. Das Rad der Staatsmaschine hat keinen Augenblick
stillgestanden, man hat von Protesten, Reservationen u. dgl.

nichts gehört. Ob man in Göttingen dem Beispiele eines hohen Welfen gefolgt ist, in der Tasche zu protestiren, weiß ich nicht, man hat böse und finstere Gesichter gemacht, hat die Talare unangezogen gelassen, ist so kühl und kalt wie möglich gewesen. Das schafft aber weder den Augustenburger nach Holstein, noch Georg nach Hannover.

Der Magistrat der bisherigen Residenz und die Bürgervorsteher sind von den althannoverschen Städten vorangegangen, König Wilhelm in Berlin ihre Huldigungen zu Füßen zu legen. Wenn das einem der Deputation schwer geworden, so ist es gewiß dem Stadtdirector schwer geworden, der in so mannigfachen persönlichen Verbindungen mit der Dynastie der Welfen stand, und dessen Familienverbindung bei dem Fortbestehen eines selbstständigen Staats Hannover auf die allerhöchste Protection in jeder Maße hätte rechnen dürfen.

Die Stadt hat dies anerkannt. Während man zu einer Adresse an König Wilhelm selbst 1000 Unterschriften ansäßiger Bürger zur Zeit noch schwer erlangt haben würde, sagen 2000 Bürger dem Stadtdirector ihren Dank dafür, daß er im Namen des Magistrats und unter Mitwirkung der Bürgervorsteher nach Berlin zu gehen und das Nöthige vor dem neuen Herrn auszusprechen den Muth gehabt hat.

Das ist eine neue Form der Unterwerfung; sieht man aber auf die Namen, so findet man sämmtliche angesehene Bürger hier vereinigt, die Zahl derer, die in Wien ihre Aufwartung machten und ihrer Vollmachtsgeber ist dagegen klein.

Nachdem Hannover vorangegangen, erwachen in allen Städten Sonderinteressen, die zur Nachfolge nöthigen, es entsteht das alte Jagen und Treiben um Eisenbahnen, obwohl man doch wissen sollte, daß das Prinzip der Privateisenbahnen in Preußen das vorwaltende ist. Schafft selbst eine Gesellschaft, die durch das Wendland nach Lüneburg baut, wenn das Wendland einer Bahn nicht entbehren kann; die directe Bahn von Salzwedel, das zeigt die Karte, kann nur bei Uelzen münden; man wird aber die Concession zum Bau nach dem Wendlande nicht verweigern.

Man sollte dieses Jagen nach Sondervortheilen aufgeben und daran denken, unserer Provinz diejenigen Vortheile zu erhalten, welche ihre Finanzen gestatten und bedingen.

Postscriptum VIII.
Schluß.

Während so Alles auf dem Wege ist sich zu ordnen und zu ebenen, während nur noch die Militärfrage schwebt und im Kreise der Officiere und Unterofficiere über ihre Zukunft Ungewißheit herrscht und die Bedeutung der Capitulation von Langensalza discutirt wird, fährt man von Wien aus fort Brandbriefe in das Land zu schleudern.

Im Ganzen sind die Dinge ungeschickt. Die Proclamation des sogenannten Centralcomitées, welche befahl, am Tage der wirklichen Besitzergreifung durch das Patent, Trauer anzulegen und stille Gebete zum Himmel zu senden für die tausendjährige Dynastie, hat nicht einmal eine gehörige Verbreitung gefunden. Die Agenten des Comitée's haben sich als feige bewiesen, oder richtiger, die wenigen Leute niederen Standes, welchen man solche Proclamationen sendete, um sie Nachts an die Straßenecken kleben zu lassen, in die Häuser zu werfen, haben ihren Auftrag schlecht ausgeführt. Ein Vernünftiger glaubt an die Existenz eines solchen Comitées nicht.

Der Versuch, Unterschriften zu einem Protest an die Großmächte zu sammeln, ist eben so kläglich ausgefallen. Man hat nur einzelne bornirte und obscure Leute, welche

Zweck und Bedeutung der Sache nicht begriffen, bewegen können zu unterschreiben.

Nun kommt die Broschürenfabrikation. Der Geschichtsfälscher Onno Klopp hat sich mit einer Stimme aus Hannover „Oesterreich, Preußen und die Annectirungen" vernehmen lassen, und betreibt die alte Geschichtsfälscherei. Er prüft die Frage: in wiefern hat Preußen sich seit dem Anfange des vorigen Jahrhunderts um Deutschland so verdient gemacht, daß dieses sich aus Dankbarkeit ihm unterordnen und von Oesterreich ganz lossagen muß?

Schon die Fragstellung. ist verkehrt. Dankbarkeit ist bei den Einzelnen ein menschliches Motiv, wo es sich aber um Völkerschicksale handelt, hat die Dankbarkeit noch nie eine große Rolle gespielt und wird sie kaum spielen.

Es ist natürlich, daß der welfische Hofhistoriograph zu dem Resultate kommt, daß Deutschland Preußen nur Elend verdanke. Den Frieden von Lüneville und die definitiv ausgesprochene Abtretung des linken Rheinufers verdankt Deutschland allein der undeutschen bloß Preußischen Politik. Die Besetzung Hannovers durch die Franzosen (1803) verdankt man allein Preußen — obgleich Münster's Mission nach Petersburg lediglich den Zweck hatte, die Beschützung Hannovers durch Preußen zu hindern. Die Oesterreichische Niederlage von 1805 hat Preußen verschuldet; 1813 hat Preußen zwar durch Kampfesbegeisterung und Opferfreubigkeit ganz Norddeutschland mit begeistert und in den Kampf gerissen, allein von der höheren Bestimmung Preußens Deutschland unter die Flügel seines Adlers zu nehmen, war damals nicht die Rede.

Durch den Ungehorsam Preußens, die im Art. 13 der Bundesacte vorgeschriebene Constitution ins Leben zu rufen, wurde theilweise die Revolution von 1848 hervorgerufen, — alle Schwindeleien der damaligen Zeit, die Excesse in Frankfurt, die Aufstände in Dresden und Baden kommen größtentheils auf **Preußische Rechnung**. Die Niederlage von Solferino hat Preußen verschuldet, die von Oesterreich beabsichtigte Reform des Bundes hintertrieben.

Die Sympathien Deutschlands für Oesterreich waren wohlgerechtfertigt und werden durch die Eroberungen und die Entthronungen 1000jähriger Dynastien nicht geschwächt werden.

Kurz und gut, Graf Bismarck möge sich das ad notam nehmen:

1) die Liebe zum Regentenhause, die mit der Muttermilch eingesogen ist, und tief im Herzen der Völker wurzelt, erstirbt nicht so leicht. Die Erbitterung gegen Preußen ist eben so groß als diese Liebe, und das hannöversche Volk wird, wenn es früher oder später auf den Ruf seines Königs **in Masse** sich erhebt, die fremden Eindringlinge verjagen.

2) Jena hat uns von den Preußischen Adlern befreit vor 60 Jahren, Napoleon III. wird die Stelle seines Onkels übernehmen. Wie 1813 werden wir die Kosacken mit Jubel als Befreier aufnehmen.

3) Preußen ist durch die Annectirung nicht gestärkt sondern geschwächt. — Unrecht Gut gedeiht nicht.

4) Will Europa der Ruhe genießen deren es bedarf, so muß Preußen von seinem Eroberungsschwindel und Großmachtskitzel geheilt, es muß bis hinter die Elbe zurückgedrängt werden, natürlich mit Hülfe der rothen Hosen und der Kosacken. — So der Geschichtsforscher.

Hannoveraner! Eine Dynastie, die, um sich wieder auf den Thron, den sie durch eigene Schuld verloren, gesetzt zu sehen strebt, durch Hülfe der Franzosen und Kosacken, ist nicht werth auf einem Thron in Deutschland zu sitzen. Es ist das aber kein neuer, erst im Unglück gekommener Gedanke, sondern Georg V. hat diesen Gedanken schon vor 7 Jahren öffentlich belobt, als er seinem Minister v. Borries dafür in den Grafenstand erhob, daß dieser auf französische Hülfe hingewiesen, und Deutschland einstimmig Borries verdammte.

Liebe und Anhänglichkeit an die Dynastie ist ein Ding das sich schwer erkennen läßt, Loyalitätsadressen, der Annerionsjubel von Ostfriesland im December v. J. sollten Onno Klopp belehrt haben, daß äußere Erscheinungen täuschen. Ostfriesland hat seit 50 Jahren Anhänglichkeit und Liebe zu der Preußischen Dynastie bewahrt, das hat Herr Klopp am ersten erfahren als er seine Geschichte Ostfrieslands vollendet hatte und die Provinz so schleunig wie möglich verlassen mußte.

Hätte das hannoversche Volk 1839 und 1855 die Macht gehabt Ernst August und Georg V. zu entthronen, an Lust dazu hat es bei der Mehrzahl nicht gefehlt. Der Gedanke des alten Fritz, daß das Volk nicht der Fürsten wegen da ist, ist Gemeingut geworden; eine Dynastie, die sich lediglich auf ihr tausendjähriges Alter stützt und die Rechte des Volkes mißachtet, wird nimmermehr die Liebe des Volkes haben können.

Man mache sich in der neuen Welt doch keine Illusionen! Brächte Herr v. Beust jetzt oder später mit einer Kaiserin-Regentin ein unnatürliches Bündniß zwischen Oesterreich und Frankreich zu Stande und würde Preußen im Osten und im Westen zu gleicher Zeit angegriffen, auf einen Ruf Georg V. an sein Volk würde sich weder Katze noch Maus rühren, und wer es wagte mit dem Vaterlandsfeinde zu kämpfen, der würde als Vaterlandsverräther allgemein verachtet werden.

Dieselben Illusionen, nur noch nebuloser, werden in einer Flugschrift: Des Königs Legion von einem hannoverschen Veteranen, die bei Nacht und Nebel in die Häuser der Gutgesinnten geworfen wird, verbreitet. Wenn der Verfasser ein alter Veteran wäre, wenn er 1806 erlebt hätte, oder nur Geschichte kennte, er würde solchen Unsinn nicht schreiben.

Hannover hatte damals keinen König, es hatte bis 1803 einen Kurfürsten gehabt, seit 1803 wurde es durch die Schuld des Kurfürsten englischen Interessen geopfert, von Franzosen beherrscht und war nach der Schlacht von Austerlitz an Preußen abgetreten.

Wie läßt sich da eine Parallele ziehen zwischen 1806 und 1866? —

Sodann hat König Georg III. niemals eine **Königs-Legion** gehabt, dagegen hatte England **Fremdenlegionen**, die hauptsächlich aus Hannoveranern bestanden, und die in Hannover schlechthin die **englische** Legion genannt wurde. Es hat das hannoversche Volk als solches vor 1814 nicht gegen Frankreich gekämpft, wohl aber einzelne oder viele Hannoveraner; es kann daher höchstens bildlich gesagt werden: „die Unterdrücker unseres Vaterlandes fanden überall mit ihren Feinden verbündet des **Königs Legion**", und geradezu unwahr ist es, wenn gesagt wird: die Unterthanen des Welfenhauses wären mit den stolzen Völkern Spaniens die einzigen in Europa gewesen, die sich nimmer beugten vor der Waffenmacht des Besiegers der Welt. Sind wir nicht vielmehr von 1807 bis 1813 westphälisch und französisch gewesen par ordre du Mufti?!

An diese fingirte Königs-Legion wird nun angeknüpft, und der Veteran erwartet von unsern Söhnen und Enkeln, „daß auch sie einstehen werden für die Rechte unseres Königs, wo auch gegen Preußen gekämpft werde."

Freilich habe des Königs Legion gegenwärtig keinen Platz auf dem sie ihre sichtbare Fahne entfalten könne. Das Schwert könnte man nicht führen, aber man habe die Waffen des Geistes (?) und des Willens, und wo immer, so fährt der Veteran in gedankenlosem Dithyrambus fort, treue Hannoveraner sich zusammenfinden, da werden sie sich umrauscht fühlen von dem Wesen des unsichtbaren Banners, das sie vereinigt zu des Königs Legion.

Die Hannoveraner werden aufgefordert: „daß sie zu einiger unversöhnlicher Feindschaft gegen die Unterdrücker der Selbstständigkeit und Freiheit" zusammentreten.

Der Veteran verspricht der neuen Legion des Königs, daß sie Verbündete finde in Preußen selbst, in dem großen Frankreich, dessen öffentliche Meinung einig sei in der Verurtheilung unserer Vergewaltigung, in England (?).

Wenn die Zeit komme, wo der König die Söhne seines Landes (?) aufrufe zum Kampfe mit dem Schwerte, dann entrolle sich von neuem die sichtbare Fahne von des Königs Legion.

Man kann fragen ist das Ernst oder Wahnwitz?

Inzwischen wir sehen aus beiden Brandbriefen wohinaus man im Kriegslager der Villa Braunschweig zu Hietzing denkt. Es geht den Leuten dort, wie anderen Verbannten, sie mißkennen gänzlich die Lage des Vaterlandes. Während man hier bemüht ist dem Lande zu helfen, alles Harte und Schroffe, welches das Preußische Regiment mit sich bringen könnte, zu mildern, während man liebgewordene Institutionen zu erhalten, die großen Schwierigkeiten zu ebenen sucht, welche die principiell verschiedenen Regierungsweisen und die verschiedenen Finanzsysteme der Einverleibung Hannovers bereiten, glaubt man dort wohl zu thun, Feindschaft zu säen, Haß zu nähren, auf einen Krieg zu hoffen, der Preußen zerstückte.

Die Ritter aus allen Landschaften mit Ausnahme der Osnabrücker und Ostfriesen, sind am 7. Nov. in Hannover zusammen gewesen, haben getagt und die Annexionsfrage discutirt, im Odeon dinirt, wo die Büsten Georg V. und seiner Familie mit Lorbeerkränzen geschmückt, die Wände mit den sogenannten hannoverschen und altenburgischen Fahnen und Flaggen geziert, auch die Fahnen sämmtlicher deutschen Bundesstaaten, der annectirten inbegriffen, vertreten waren.

Die Herren waren unter sich nicht sehr einig, die Mehrzahl jedoch beschloß die nachstehende Erklärung an das Land, die wir als Curiosum aufzubewahren und diesem Büchlein einzuverleiben uns veranlaßt sehen.

Die Unterzeichneten, Mitglieder verschiedener Ritterschaften, haben sich zu folgender Erklärung geeinigt und solche zu veröffentlichen beschlossen:

1) Nachdem unter Nichtbeachtung der Rechte des angestammten Königshauses und des Landes und gegen dessen dringendste Wünsche zu ihrem tiefsten Schmerze die Einverleibung des Königreichs Hannover in Preußen ausgesprochen ist und jetzt die Ausführung derselben bevorsteht, welcher das Land, durch die Macht genöthigt, sich bei genügender Wahrung seiner Rechte und Interessen wird beugen müssen: so glauben die Unterzeichneten, ausgehend von dem unbezweifelbaren Rechtssatze, daß mit der Eroberung des Landes keineswegs das gesammte öffentliche Recht desselben hinfällig geworden, und sich stützend auf das königliche Wort der thunlichsten Schonung des Bestehenden und der verheißenen Berathung, als unabweisbare Rechtsforderung aussprechen zu müssen, daß in dem öffentlichen Rechtszustande des Landes nichts Weiteres geändert werde, als was sich als eine unvermeidliche Folge der Annexion darstellt, und daß auch die hiernach nöthigen Veränderungen nicht anders als unter Mitwirkung einer wahren Vertretung des Landes geschehen.

2) Als zu einer solchen Vertretung berechtigtes Organ vermögen sie keinesfalls eine Versammlung einseitig nach Auswahl der königlich preußischen Regierung zu berufender Personen zu erkennen, vielmehr betrachten sie als solche Organe die allgemeine Ständeversammlung des Königreichs Hannover und die bestehenden Provinzial-Landschaften.

3) Sie sind zugleich der Ansicht daß, nachdem die königlich preußische Regierung bereits mit einzelnen wesentlichen orga-

nisatorischen Einrichtungen (Verweisung der Justiz-Sachen, der Eisenbahn-, Post- und Zoll-Verwaltung an die Ministerien in Berlin) und zwar einseitig vorgeschritten ist, die möglichste Beschleunigung der Berufung einer Landesvertretung zum Zweck der Mitwirkung auch in besonderer Rücksicht auf die Erhaltung der Ruhe des Landes und die Gewinnung einiger Zufriedenheit mit der Art der Ueberleitung ein dringendes Bedürfniß ist.

v. Steinberg-Brüggen. Rittmeister v. Werfebe-Meyenburg. Landrath v. Wrede-Meßlingen. v. d. Kettenburg-Kettenburg. v. d. Decken-Hünkenbüttel. v. Schulte-Esteburg. Kammerherr v. Schulte-Burg-Sittensen. v. Decken-Ritterhof. Landdrost v. Issendorff. Landrath v. d. Wense-Eicklingen. Oberamtmann v. Reiche. Forstmeister v. Busch-Dötingen. v. Bremer-Bentwisch. Landrath v. Behr. Amtsrichter v. Uslar-Gleichen. Landrath v. d. Decken-Wipelnbusch. Oberst v. Marschalk-Ritterhude. Major v. d. Decken. Obergerichts-Director v. Werlhoff. Ober-Appellationsgerichtspräsident v. Düring. Obergerichts-Director v. Müller. Oberst v. Knigge. Rittmeister v. Wangenheim. v. Langwerth-Simmern. Assessor v. Schultzen. v. Bülow-Wilschenbrock. Erbmarschall Graf Schwichelt. Ausreuter v. Bülow. v. Hugo-Muntzel. Major v. Alten-Dünau. v. Grote-Jühnde. Landrath v. Holleufer. Justizrath von Leuthe. Major v. Mandelsloh. Minister v. Hodenberg. v. Reden-Franzburg. v. Knigge-Leveste. Minister Graf Kielmansegge. Kammerrath v. d. Decken. Ritterschafts-Präsident v. d. Decken. v. Alten-Hemmingen. Landrath Graf Bernstorff. Ober-Appellationsrath Graf Knyphausen. Landrath v. Rössing. Oberst v. Linsingen. Ober-Appellations-Rath v. Lenthe. General Freiherr Grote. v. Hattorf-Trochel. v. d. Decken-Offen. v. Reden-Jeinsen. Vice-Oberjägermeister v. Knigge. Kammerherr v. d. Wense. Major v. Hattorf. Ober-Appellations-Rath v. Wedemeyer. Landrath v. Marschalk. Geh. Rath Graf Bremer. Landrath v. Schulenburg-Altendorf. Amtsrichter v. Issendorff. v. d. Wense-Gilbingen. v. Stolzenberg-Luthmersen. Landrath Freiherr v. Hammerstein. General-Major v. Beulwitz. Graf Adolf Grote. Kammerherr Graf Groote-Breese. v. Jeinsen-Gestorff. v. Reden-Hermannsburg. Hof-Jägermeister Graf Hardenberg. Graf Carl Schwichelt. Landrath Graf Knyphausen-Lütetsburg. v. Estorff-Neetze. v. Arnswaldt-Wiedenhausen. Major v. Kronenfeldt. Heise-Wührden. Stegemann-Essen. v. Freytag-Estorff. Clüver-Magelsen. Schaumann-Altenbrücken. v. Meding-Schnellenberg. Wehland-Rethem. v. Lösecke-Hettensen. Volger-Adenhorst. Kammerherr v. Campe-Westmarshagen. Oberjägermeister v. Reden. Lieutenant v. Lütcken. Oberst-Lieutenant v. Bock. v. Kalm-Oberg. v. d. Bussche-Liethe. v. Arnswaldt-Böhme. v. Meyhe-Störtenbüttel. v. Hassell-Clüversborstel. Graf Schwichelt-Poggenhagen. Geh. Rath v. Stockhausen. Assessor v. Bülow-Abbensen. Hauptmann v. d. Decken-Baden. Wildmeister Wallmann-Bordeman. v. d. Decken-Rosenkranz. Landrath v. d. Wense. v. Marenholz-Dieckhorst. Staatsminister Freiherr v. Hammerstein. Staatsminister v. Malortie. v. Estorff-Leyndorf. Schatzrath v. Meltzing. Graf Görtz-Wrisberg. Ober-Appellations-Rath v. Estorff. Oberstlieutenant Flötcher. Regierungs-Assessor Freiherr von Hammerstein-Lorten. Geh. Rath v. Alten-Linden. Graf v. d. Decken-Ringelheim. Amts-Assessor v. Reden-Hüpede. Amtsrichter v. Dannenberg. Drost v. Münchhausen. v. Hake-Hasperde. Graf Wedel-Gödens. M. v. d. Wense. F. v. Engelbrechten-Gronau. O. v. Meding-Bode. v. Spörcken, Ober-Land-Stallmeister. v. Schlepegrell. Meyer, Gutsbesitzer. v. d. Decken-Deckenhausen, Ritterschaftspräsident. Gutsbesitzer v. Plate-Stellensleth. v. Marschall-Laumühlen. v. d. Decken-Doese. v. d. Decken-Wechtern. v. d. Decken-Hoerne.

Man sieht die Herren Ritter haben keinen Gedanken für Deutschland, aber Prätensionen für sich. Sie wollen die durch Octroyirung und Verfassungsbruch hergestellte erste Kammer neben der zweiten Kammer als Vertreterin des Landes hergestellt und baldigst zusammenberufen sehen, sie wollen ihre feste Burg, von wo aus sie schon einmal die Verfassung vernichtet, die Provinziallandschaften als zu Recht bestehend angesehen wissen.

Das sind nun die sogenannten conservativen Elemente, um deren Schutz sich die Kreuzzeitung so sehr bemüht.

Diejenigen die jene Erklärung unterschrieben können nicht anders als die Hoffnungen theilen die man in der Villa Braunschweig in Hietzing hegt.

Unsere Hoffnung und die Hoffnung aller guten Deutschen dagegen, wird sein und bleiben, daß Norddeutscher Bund und das südwestliche Deutschland sich bald innig vereinigen zu einem großen deutschen Reiche mit einem preußischen Kaiser an der Spitze, daß dieses Deutschland dem deutschen Oesterreich die treue Bruderhand biete.

Hannover, Ende November 1866.

———

Druck von Otto Wigand in Leipzig.

www.ingramcontent.com/pod-product-compliance
Lightning Source LLC
Chambersburg PA
CBHW021917180426
43199CB00032B/423